없다
추월은

추월은 없다
미중관계의 미래와 한국

2025년 2월 17일 1쇄 찍음
2025년 2월 27일 1쇄 펴냄

지은이 이호철

편집 김천희·이근영
디자인 김진운
마케팅 유명원

펴낸이 윤철호
펴낸곳 ㈜사회평론아카데미
등록번호 2013-000247(2013년 8월 23일)
전화 02-326-1545
팩스 02-326-1626
주소 (03993) 서울특별시 마포구 월드컵북로6길 56
홈페이지 www.sapyoung.com
이메일 academy@sapyoung.com

ISBN 979-11-6707-174-3 93340

추월은 없다

없다

미중관계의 미래와 한국

이호철 지음

사회평론아카데미

책을 내면서

1985년 우리가 중국을 중공이라 부르고 있었을 때 필자는 파리 고등사회과학원의 베르제르(Marie-Claire Bergere) 교수의 논문, "중국: 혁명에서 개혁까지"를 번역하여 학술지에 게재한 적이 있다. 개혁개방을 막 시작한 중국의 변화를 소개하고 설명하는 논문이었다. '혁명의 중국'만을 알고 있던 필자에게 '개혁의 중국'은 신선한 충격이었다. 옛것을 무너뜨리고 새것을 세우는 일이 혁명이라면 옛것 위에 새것을 세우는 일이 개혁일 텐데, 그래서 혁명보다 더 어려운 일이 개혁일 텐데, 중국을 혁명에서 개혁의 길로 이끄는 덩샤오핑이 마오쩌둥보다 더 위대한 지도자일 것이라는 생각을 했다. 미국 유학에서 국제정치학과 더불어 정치경제학을 공부한 이유도 여기에 있었다. 필자가 지금까지 개혁의 중국을 붙들고 있는 이유이기도 하다.

이런 이유로 필자가 학자로서의 긴 여행을 떠난 이후 '중국의 정치경제'는 필자가 늘 탐방하던 목적지의 하나였다. 이 여정에서 '계획'과 '시장'의 이중게임을 통해 개혁의 딜레마를 찾아내기도 했다. '민주화'는 아니더라도 '제도화'로 정치발전을 이루고 있는 중국의 변화를 찾아내기도 했다. 경제성장을 위해 이념적 모순에도 불구하고 시장화와 사유화를 받아들이지 않을 수 없었던 중국공산당의 '성공의 딜레마'를 찾아내기도 했다.

같은 이유로 필자가 학자로서의 여정에서 탐방하지 않을 수 없었던 목적지가 '중국의 부상과 동아시아 국제관계'였다. 한국과 한반도가 여기에 있을 뿐만 아니라 미국이 이곳으로 돌아왔기 때문이다. 이 여행에서 필자는 중국의 '평화적 부상'과 '책임대국'을 보게 되었고, 6자회담을 열고 북핵 해결을 주도하는 '이해 당사국' 중국에 박수를 보냈다.

그러나 중국이 부상함에 따라 이 여행의 여정도 험난해지기 시작했다. 오바마 행정부가 아시아·태평양의 '재균형'을 추진하고 시진핑 체제가 '역균형'으로 맞받으면서 지정학이 돌아오고 지형이 험난해졌다. 남중국해에 풍랑이 일고 타이완 주변에 파도가 거칠어졌다. 미국과 중국은 상하이공동성명 이후 잘 지내오던 관계를 정리하고 있는 듯하다. 이들은 정말 갈라설 것인가? 이들이 갈라서면 우리는 누구를 선택해야 하나? 지난 10여 년간 이곳을 탐방하면서 필자가 늘 갖고 있던 질문이다.

이 책은 이 질문에 대한 필자의 답이다. 지난 40여 년간 두 곳으로의 여정을 통해서 보고 듣고 찾아낸 것들을 놓고 고민한 결과이다. 다행히 미국과 중국이 완전히 결별할 것으로 보이지는 않는다. 앞으로 긴 시간 경쟁하고 가끔 다투겠지만 완전히 남남으로 갈라서지는 않을 것으로 보인다. 결별보다는 공존이 상호

이익에 부합한다는 것을 서로가 알고 있기 때문이다. 험난해진 이곳으로의 여정에서 우리는 19세기의 비극을 반추하면서, 20세기 해방 전후 분단의 비극을 반추하면서 우리의 이정표를 세워야 한다. 우리는 글로벌 보편성을 추구하는 한편, 동시에 한반도의 지정학에 기반한 국가전략을 수립해야 한다.

이 책을 내면서 많은 분들의 도움을 받았다. 1년간 연구와 집필에 전념할 수 있는 기회를 준 UCLA 한국연구센터의 이남희 교수, 센터의 김형욱 부소장, 페이턴 박 선생, 그리고 같은 공간 같은 시간을 함께한 방문 학자들께 이 자리를 빌려 깊은 감사의 마음을 전한다. 이 책의 일부를 강의할 기회를 준 로러스대학의 제임스 레드몬드(James G. Redmond) 이사장과 데이빗 안(David E. Ahn) 총장, LA 한미동맹 70년 행사에서 소중한 발표의 기회를 준 김영완 총영사, 김혜진 영사께도 감사한 마음을 전한다.

국내에서 이 책의 일부를 발표하고 토론할 기회를 만들어 준 한국국제정치학회의 마상윤 회장, 서강대학교 국제대학원의 김재천 원장과 허윤 교수께도 고마움을 표한다. 늘 격려와 지원을 아끼지 않은 인천대학교 정치외교학과의 이재석, 이준한 교수, 후배 교수들께도 감사한 마음을 잊지 않는다. 이 책의 주제들을 강의하면서 집필의 방향을 잡도록 도와준 인천대학교 박종태 총장, 신용권 원장께도 고마운 마음을 전한다. 격의 없는 토론과 비판으로 이 책의 논의를 함께 한 절친 김태현, 정진영 교수께도 고

맙다는 인사를 전한다. 자료 찾는 일과 궂은 일은 마다하지 않은 제자 유가 박사께도 고마움을 전한다. 이 책 내는 일을 자신의 일처럼 물심양면으로 도와준 이철희 익선재 고문께도 이 자리를 빌려 깊은 감사의 마음을 전한다. 졸고를 흔쾌히 출판해 준 사회평론아카데미의 윤철호 대표와 김천희 소장께도 감사와 고마움을 전한다.

미국 UCLA에서 1년을 머물면서도 이 책의 집필에 대부분 시간을 보내느라 가족들과 함께 많은 시간을 보내지 못한 아쉬움이 크다. 김정희 박사, 기웅, 재인, 이안, 아나에게 미안함과 고마움을 전한다.

조선 말 중국과 일본, 서구 열강들 사이에서 조선의 운명을 고민하지 않았을 이가 어디 있었을까. 해방 전후 미국과 소련 간 냉전이 확산되면서 분단이 굳어지던 상황에서 나라의 미래를 걱정하지 않은 이가 어디 있었을까. 한국의 학자로서 혹은 한국의 한 시민으로서 미중관계 속에서 한국의 길을 고민해 보지 않은 이가 어디 있을까. 이 책을 이들에게 바친다. 필자의 소견이 더 나은 혜안을 찾는 단초가 되기를 기대해 본다.

봄을 맞으며 2025년 이룸관에서

이 호 철

차례

책을 열면서:

왜 미중관계인가?

미중관계

21세기 전반의 국제정치는 미중관계에 의해서 결정될 것이다. 미중관계에 세력전이가 일어나서 미국과 중국은 투키디데스의 함정에 빠지고 말 것인가? 인도·태평양에서 미국과 중국은 왜 어떻게 부딪히고 있는가? 미국과 중국은 신냉전에 돌입하였는가? 미중경쟁하에서 자유주의 국제질서는 살아남을 것인가? 이러한 문제들에 대한 답에 따라서 국제정치의 큰 판이 결정될 것이고, 어느 지역이나 국가도 이 판으로부터 결코 자유롭지 못할 것이다. 미국 바이든 행정부의 블링컨(Antony Blinken) 국무장관은 "미중관계가 향후 세계에서 가장 중요한 관계가 될 것이라는 점은 이제 누구나 다 아는 사실"이라고 언급하면서 그의 취임

첫 언론 브리핑을 시작하였다.[1]

미중관계는 글로벌 차원에서뿐만 아니라 한반도를 포함하는 동북아의 안보지형에도 결정적 요인이 될 것이다. 북핵과 한반도 평화, 남북한 관계, 한반도의 분단과 미래 통일, 한미동맹, 한미일 관계, 동중국해와 중일관계 등 역내 안보지형에도 결정적 변수가 될 것이다. 더구나 미중관계가 전략적 경쟁으로 지속되거나 갈등 혹은 적대적 관계로 악화될 경우 한국은 선택이 강요되는 구조적 제약으로부터 결코 자유로울 수 없다. 중국은 한국의 최대 교역국이고 한미동맹은 한국의 핵심 안보 축이다. 미중관계가 어떻게 전개되는가에 따라 한국의 대외전략은 그에 따른 외압에 직면하게 될 것이다. 그렇다면 그러한 잠재적 외압에 대응해서 우리는 한국의 국가전략을 세워야 하고 한국 외교의 방향을 잡아야 한다.

이런 이유로 미중관계를 결정하는 요인들을 분석하고, 이들의 복합적 작동의 결과로 나타나는 미중관계의 전개 양상을 예측하는 일은 21세기 전반의 국제정치를 전망하고 동북아의 안보지형을 예측하는 데 매우 중요하다. 이러한 전망과 예측을 기반으로 우리는 한국의 국가전략을 세우고 한국 외교의 방향을 잡아야 한다. 그렇기 때문에 미중관계를 이념적 소신이나 정치적 판단이 아니라 엄정하고 객관적인 사실에 근거해서 분석하고 예측해야 한다. 그래야 미중관계의 미래를 제대로 그릴 수 있을 것이고, 한반도 평화와 한국의 이익을 실현할 수 있는 국가전략을 수립할 수 있을 것이다.

우리는 19세기 말의 역사를 되풀이할 수는 없다. 무너지고 있던 청국을 붙들어도, 일본의 근대화를 배우고자 했어도 나라를 구하지 못하였다. 밖을 무시하고 안으로 자만에 빠져 있던 조정은 국권을 빼앗기고 나라를 잃고 말았다. 해방 전후 미소 간 경쟁이 냉전으로 굳어지면서 해방의 기쁨은 분단의 비극으로 바뀌었다.

다행히 오늘날의 한국은 그때처럼 약체가 아니다. 강국들에 휘둘리는 나라가 아니라 우리의 가치와 이익을 주도할 수 있는 국제적 위상에 올라 있다. 미중관계의 전개에 따라 우리의 가치와 이익을 지키고, 전 세계 다수의 국가들이 지향하는 보편적 가치와 공동의 이익에 기여하는 국가전략을 수립하고 이행할 수 있는 역량을 갖고 있다. 이러한 관점에서 이 책은 한국의 국가전략을 고민하는 하나의 시도이기도 하다.

이 책은 다음과 같은 목적으로 나왔다. 미중관계의 현재를 분석하고 미래를 예측해 보는 것이 첫 번째 목적이다. 나아가 미중관계의 전개에 따른 세계질서의 주요한 변화를 전망해 보는 것이 두 번째 목적이다. 마지막으로 미중관계의 전개에 따른 세계질서의 변화 속에서 한국의 길을 탐색해 보는 것이 세 번째 목적이다. 이 책은 기본적으로 학술 연구서이지만 이를 넘어 정책

결정의 실질적 지침으로 활용될 수 있도록 주제들을 구성하고자 했다. 또한 일반 독자들이 미중관계와 세계질서 그리고 한국 외교에 대한 이해를 도모할 수 있도록 학술적 형식을 최소화하고자 했다.

이 책은 다음과 같이 구성된다.

첫째, 미중관계를 어떻게 접근할 것인가 하는 문제이다. 여기서는 구조, 행위자, 과정의 차원에서 미중관계를 접근하는 통합 분석예측 모델을 제안한다.

둘째, 미중관계를 접근하는 이론적 관점으로 세력전이와 투키디데스의 함정을 검토한다.

셋째, 미중관계의 역사적 전개 과정을 검토한다. 이로써 현재와 미래의 미중관계를 분석하고 예측하는 장기적 안목을 갖게 될 것이다.

넷째, 중국의 부상, 그리고 이와 관련된 몇 가지 쟁점들을 검토한다. 지난 40년 이상 중국은 개혁개방을 통해 부국강병을 이뤘다는 점을 데이터를 통해 확인하고, 경제력 비교의 문제, 중진국 함정, '성공의 딜레마' 등 관련된 쟁점들을 검토한다.

다섯째, 세력전이의 관점에서 중국이 미국을 따라잡을 것인가 하는 문제를 다룬다. 중국이 미국을 따라잡아 세력전이가 실현되고 미국과 중국은 '투키디데스의 함정'에 빠질 것인가 하는 문제를 중심으로 분석하고 예측한다.

여섯째, 미중 간 전략경쟁의 한 축으로 전개되고 있는 지정학적 세력경쟁을 검토한다. 이런 관점에서 미국과 중국은 인도·태평양에서 왜, 어떻게 부딪히고 있는지를 분석한다.

일곱째, 미중관계의 행위자 차원에서 미국과 중국의 리더십과 상호인식, 전략, 국내정치가 미중관계에 미치는 영향을 분석한다.

여덟째, 과정의 국제정치 차원에서 미중관계의 외교를 먼저 살펴본다. 미중 외교관계의 공식적 근거가 되고 있는 3개의 공동성명, 타이완 문제와 관련된 「타이완 관계법」과 「6항 보증」을 검토한다. 더불어 미중 간 위기의 외교와 최근의 미중 간 외교를 살펴본다. 외교가 미중 간 전략경쟁을 완화시켜 평화적 공존을 찾아나설 것인가 하는 점이 분석의 핵심이다.

아홉째, 미중관계에서 무역은 평화에 기여하는가 하는 문제를 다룬다. 미중 전략경쟁이 본격화되면서 무역전쟁이 벌어졌고 경제안보가 무역의 평화효과를 압도하고 있는 현실을 분석한다.

열째, 미중관계가 세계질서에 미치는 영향과 관련하여 미중관계는 '신냉전'인가 하는 문제를 먼저 검토한다. 미중관계가 미소 간 냉전처럼 전 세계를 양분하여 대립구도를 형성해서 정치적, 군사적, 이념적, 경제적 대치를 유지하는 '신냉전'으로 볼 수 있는지, 그래서 그때의 냉전전략이 오늘날의 미중관계에도 유효한지 등이 핵심 분석 내용이다.

열한째, 미중 전략경쟁하에서 자유주의 국제질서는 살아남을 것인가, 자유주의 국제질서는 어떻게 변할 것인가 하는 문제를 다룬다.

열두째, 구조, 행위자, 과정 차원의 미중관계 분석을 기반으로 미래의 미중관계를 예측한다. 미중 간 힘의 관계에서 예상되는 두 개의 시나리오를 중심으로 2050년까지의 미중관계를 전망한다. 시간은 2050년까지로 한정한다. 그 이유는 이 책의 논의가 21세기 전반의 세계질서를 대상으로 하고 있고, 중국이 국가 수립 100년이 되는 2049년까지 '사회주의 현대화 강국'을 실현하고 '세계 일류 군대'를 보유한다는 100년의 목표를 세워놓고 있기 때문이기도 하다.

마지막 열셋째에서는 예상되는 미중관계를 바탕으로 한국의 국가전략과 외교의 방향을 생각한다.

결과와 결론: 2050년까지 중국의 추월은 없고 미중 간 세력전이는 실현되지 않는다

이 책을 통해서 분석한 결과와 결론을 미리 요약한다.

첫째, 2050년까지 중국의 추월은 실현되지 않는다. 2050년까지 미중 간 세력전이도 실현되지 않는다. 중국을 '불만족 국가'

로 단정할 수도 없다. 따라서 2050년까지 미중 간 세력전이로 인한 전쟁은 없다.

둘째, 2050년까지 미중 간 세력전이는 장기적으로 진행될 것이고, 이로 인한 구조적 긴장도 계속될 것이다. 구조적 긴장은 미중 간 전략경쟁으로 표출되고 있고, 전략경쟁 또한 장기적으로 계속될 것이다.

셋째, 미중 간 전략경쟁은 지정학적 세력경쟁과 기술우위 경쟁을 포함하는 경제패권 경쟁으로 전개될 것이다.

넷째, 2050년까지 미중관계는 세력전이 장기 진행, 완화된 전략경쟁, 경쟁의 관리와 협력의 확대로 평화적 공존을 찾아갈 것이다.

다섯째, 2050년까지 '피크 차이나'는 없다. 중국은 성장은 둔화되나 계속 성장할 것이기 때문이다.

여섯째, 미중 간 세력전이로 인한 전쟁이 없다고 미중 간 군사적 충돌이나 전쟁이 없을 것이라고 단정할 수는 없다. 세력전이는 다양한 전쟁 원인의 하나일 뿐이다. 타이완 문제, 남중국해에서 해상 충돌, 동중국해의 센카쿠/조어도에서 중일 충돌과 미중 충돌, 북한의 도발과 북한의 붕괴로 인한 한미와 중국의 충돌 등의 위험 요인들은 미중 간 구조적 긴장을 점화시킬 수 있는 불씨가 될 수 있다. 미국의 '과장된 두려움'과 중국의 '과도한 자만심'은 미국과 중국을 투키디데스의 함정으로 밀어 넣을 수 있다.

일곱째, 세력전이로 인한 구조적 긴장을 안정시키고 전략경쟁을 관리하여 평화적 공존을 찾아가기 위해서는 리더십의 상호인식과 전략, 외교와 대화가 무엇보다 중요하다. 다시 만난 시진핑 3기 체제와 트럼프 2기 행정부는 미중관계의 평화적 공존을 위한 기반을 조성해야 한다.

여덟째, 미중 간 전략경쟁하에서 무역의 '평화효과'는 제한적이고 세력경쟁에 매몰되고 있다. 무역전쟁을 중단하고 경제안보를 최소화하는 것이 미국과 중국, 세계경제에 유리하다.

아홉째, 지금의 미중관계를 신냉전으로 볼 수 없다. 따라서 미소 냉전시대의 냉전전략을 지금의 미중관계에 적용하는 것은 시대착오적이다. 미국과 중국은 절제된 경쟁과 협력의 확대를 통해 미래의 냉전을 피해야 한다.

열째, 전 세계적인 반세계화 추세와 미중 간 전략경쟁은 자유주의 국제질서에 압력으로 작용하고 있다. 자유주의 국제질서는 지속되겠지만, 현실주의 경쟁과 국내 우선주의와 결합하여 제한적 자유주의 국제질서로 변화되어 갈 것이다.

열한째, 한국은 세계의 보편적 가치와 공동의 이익을 지향하는 글로벌 중추외교와 한반도의 지정학에 기반한 국가전략을 수립해야 한다.

미중관계를
어떻게 접근할 것인가?

2020년 코로나가 전 세계로 확산되고 미중 무역분쟁이 지속되던 시점에 트럼프(Donald Trump) 미국 대통령은 "중국과 모든 관계를 끊을 수 있다"고 언론 인터뷰에서 밝힌 적이 있다. 이에 중국 외교부는 "비현실적이고 현명하지 못한" 조치가 될 것이라고 반박했다.[2] 한동안 세계 언론을 뜨겁게 달구었던 이런 내용의 기사가 미중관계의 실제를 제대로 반영한다고 볼 수 있는가? 당시 미중관계의 한 단면을 보여줄 수는 있겠지만 미중관계의 실제 모습을 드러내는 것은 아니다.

마찬가지로 미중관계에 대해 그동안 제시된 많은 연구들 또한 '단편적' 분석이라는 한계를 보인다. 시진핑(习近平) 지도부의 등장으로 중국의 대외전략이 바뀌었고 이로 인해 미중 간 전략경쟁이 촉발되었다는 주장 또한 단편적 분석이라는 한계를 벗어나지 못한다.[3] 중국에서 시진핑 지도부의 등장이라는 요인만으로 미중 전략경쟁이 시작된 것은 아니기 때문이다. 미중 간 높은 수준의 경제적 상호의존으로 인해 군사적 동맹을 추진하는 등의 '적대적 균형전략'을 전개하지 않는다는 주장[4] 또한 단편적 분석의 한계를 보여준다. 경제적 상호의존과 적대적 균형전략 간에 일정한 상관관계를 보여줄 수는 있겠지만 직접적인 인과관계를 찾을 수는 없기 때문이다. 이러한 분석들이 미중관계의 어느 일면을 강조하고 밝혀내는 데는 학술적 기여가 있으나 거기에 근거한 미중관계의 분석이나 예측은 과장되거나 왜곡되거나 혹은 실제와 괴리되는 문제를 보일 수도 있다.

아테네의 부상만으로 펠로폰네소스 전쟁이 일어났던 것은 아니다. 거기에는 스파르타의 과장된 '두려움'과 아테네의 과도한 '자만심'이 얽혀 외교나 무역에서 일상적으로 발생할 수 있는 사건들을 전쟁으로 몰아가는 리더십의 선택들이 결합해서 결국 전쟁으로 나아간 것이다. 앨리슨(Graham Allison)이 강조하듯이 아테네의 부상으로 인한 세력변동, 즉 아테네와 스파르타 간 구조적 긴장이 조성되고 여기에 두려움과 자만심으로 촉발된 리더십의 선택들이 구조적 긴장을 점화시킨 불씨가 되어 전쟁이 발발한 것이다.[5] 구조적 조건과 행위자의 선택이 결합된 결과이다.

마찬가지로 미중관계의 현재를 분석하고 미래를 예측하기 위해서는 통합적 접근이 필요하다. 즉 미중관계의 구조 수준(structural level), 행위자 수준(actor level), 그리고 과정의 수준(process level)에서 주요 변수들을 검토하고, 이들 수준들의 상호작용과 시계열적 영향력을 판단하는 통합적 접근을 통해서 미중관계의 종합적이고 실제적인 모습을 밝혀낼 수 있을 것이다. 예를 들면, 맥폴(Michael McFaul)은 미중관계가 신냉전으로 전개될 것인가 하는 문제를 이 책에서와 마찬가지로 구조, 행위자, 과정의 세 차원에서 통합적으로 검토하면서 실제적이고 정책적인 분석결과를 발표하고 있다.[6]

미중관계와 국제정치이론

국제체계(international system)는 국가들과 그들 간 관계로 구성된다. 우선 첫째, 국가는 힘(power)으로 존재한다. 지배국가, 강대국, 중강국, 약소국 등 다양한 힘의 위상으로 존재한다. 현실주의 국제정치이론의 영역이다. 이 영역에서 정치는 '권력의 투쟁'이다. 스미스(Adam Smith)가 인간은 '자기 이익'을 극대화하려는 이기적 동물이라고 했듯이, 모르겐소(Hans Morgenthau)는 권력의 최대화가 정치의 본질이라고 했다. 이는 국제정치에서도 마찬가지이다. 모든 국가는 세력을 키우기 위해 최선을 다한다. 경제성장과 군비증강을 통한 자강이든지 동맹이나 연합을 맺어 힘

을 키운다. 그렇게 해서 국제체계에서 자국의 상대적 힘을 최대화하고자 한다.[7]

국제체계는 국가 간 힘의 상대적 분포에 따라 그 구조가 결정된다.[8] 즉, '힘의 중심'(power center)의 수에 따라 단극, 양극, 다극의 국제체계가 형성된다. 지금의 국제체계가 미국 중심의 단극인지, 미국과 중국 중심의 양극인지, 혹은 힘의 중심이 다수 존재하는 다극인지는 논쟁의 여지가 있다. 중국의 시진핑 주석과 그의 전략가들은 '다극화'가 현 국제체계의 추세이고 이에 맞는 '신형국제관계'를 중국이 주도하겠다는 의지를 밝힌 적이 있다. 다른 한편, 케네스 월츠는 양극체계가 세력균형을 이룰 때 국제체계는 가장 안정적이라고 보았다. 반면, 오르간스키(Kenneth Organski)는 국제체계가 지배국가를 정점으로 강대국, 중강국, 약소국 등의 위계체계로 이뤄질 때 체계는 안정적이라고 보았다.[9] 세력균형과 세력우위 중 어떤 체계가 더 안정적인지 이 또한 논쟁의 대상이다.

그러나 세력균형이건 세력우위이건 세력분포에 변동이 생기면 국제체계는 분명 불안정하게 될 것이다. 2500년 전 아테네의 부상이 펠로폰네소스 국제체계에 긴장과 불안정을 야기했듯이, 현대 국제체계에서 중국의 부상은 국제체계의 불안정과 구조적 긴장을 불러오고 있다. 물론 체계의 불안정과 긴장이 그 자체로 충돌과 전쟁을 유발하지는 않는다.

미어샤이머(John Mearsheimer)는 그의 '공세적 현실주의' 이론에 따라 부상하는 강대국은 국제체계에서 상대적 힘의 우위를 추구하여 지역 패권국을 실현하고자 하기 때문에 기존 패권국과 충돌 혹은 전쟁 가능성이 높다고 주장한다. 미중관계도 이러한 '강대국 정치의 비극'을 재현할 가능성이 높다고 본다.[10] 세력관계의 변동에 따른 구조적 조건만으로 전쟁을 피하기 어렵다는 것이다. 그렇다면 부상하는 강대국은 숙명적으로 비극을 피할 수 없을 것이다. 그러나 이러한 주장은 지나친 구조결정론이다. 전쟁은 구조적 조건에 따라 기계적으로 일어나는 것이 아니라, 어느 순간 리더십의 인식과 선택으로 시작되기도 하고 또한 피하기도 하는 것이 역사적 사실들에 부합한다.

'상호확증파괴'(MAD)를 피할 수 없는 현대 국제체계에서 핵보유국인 미국과 중국이 전쟁을 할 수 있을까? 미국과 중국은 MAD로 인해 핵전쟁은 최대한 피할 것이다. 그러나 MAD가 재래식 전쟁까지 억지하지는 않는다. 핵전쟁으로 증폭되지 않도록 최대한 신중하겠지만 핵전쟁으로 확전되는 레드 라인 직전까지는 재래식 전투와 전쟁이 일어날 수 있다. 1969년 봄 중국은 소련과 국경분쟁이 증폭되면서 우수리강 유역 소련군에 공격을 감행했고 전투가 전개되었다. 중국과 소련 모두 핵 보유국이었다.[11] 미어샤이머가 지적하듯이 미소 냉전 기간 동안 '공포의 균형'하에서도 미국과 소련은 잠재적 재래식 전쟁에 대비해서 세계 곳

곳에서 동맹과 군사기지를 확보하기 위해 치열한 경쟁을 벌였다.[12] 마찬가지로 아프리카 북동 끝 아덴만의 지부티 군사기지, 인도양의 함반토타항 조차(租借), 남사군도 군사화 등 중국이 전략적 공간을 확장하고 있는 것은 MAD의 현대 국제체계에서도 일어날 수 있는 미중 간 군사적 충돌에 대비하는 지정학적 세력 경쟁으로 전개되고 있는 것이다.

둘째, 국가는 가치와 이념으로도 존재한다. 국가는 다양한 이념과 가치를 구현하고 이에 적합한 정치체제를 유지한다. 또한 국가는 자국의 국제적 위상에 걸맞은 국가 정체성(state identity)을 수립하고 이에 부합하는 외교정책을 추진한다. 중국의 국가 정체성은 '도광양회'에서 '책임대국'으로 그리고 '대국외교'로 정체성의 진화를 거쳐왔고 그에 따라 대외전략 또한 '수동적 수용'에서 '적극적 건설자'로 변화되어 왔다.[13] 또한 존스톤(Alastaire Johnston)이 주장하듯이 국가는 기계적으로 반응하는 '당구공'이 아니라 가치와 이념, 역사에 따라 대응을 달리하는 고유한 '전략문화'가 있을 수 있다.[14] 이러한 관점에 따른다면 부상하는 중국의 대외전략도 부상하던 미국과 다르지 않을 것이라는 미어샤이머나 앨리슨의 주장은 과도한 단정일 수 있다.[15] 다른 한편, 바이든(Joe Biden) 행정부는 미중 간 경쟁의 한 축을 민주국가 대 독재국가의 경쟁으로 설정했다.[16] 미중관계의 한 축을 이념과 체제의 경쟁으로 인식하는 것이다.

이러한 영역은 행위자 차원이다. 구성주의 국제정치이론은 주로 이 영역을 다룬다. 국제체계에서 미중 간 진행되고 있는 세력변동이 미중관계의 구조적 조건이라면 이를 어떻게 인식하는가, 이에 따라 어떠한 전략을 수립하는가 하는 것은 행위자 차원, 즉 리더십의 인식과 전략의 문제이다. 웬트(Alexander Wendt)에 따르면 현실주의 국제정치이론의 전제인 무정부상태(anarchy)조차도 불가변의 주어진 조건이 아니라 국가들이 만들어 낸 결과이다.[17] 행위자인 국가의 선택의 결과이다. 중국의 부상으로 미중 간 세력전이가 진행되는 것은 불가피한 구조적 조건이지만 그러한 구조적 조건이 전쟁 혹은 평화로 나아갈지는 국가의 선택에 달렸다. 이런 관점에서 나이(Joseph Nye) 교수는 중국의 부상에 대한 미국의 '과장된 두려움'을 경계해야 한다고 지적한다. 과장된 두려움은 '과잉 반응'을 불러올 수 있기 때문이다. 마찬가지로 중국의 민족주의 또한 미중관계에 위험 요인이 될 수 있다고 지적한다. 중국의 민족주의가 미국의 쇠퇴라는 믿음과 결합하게 되면 무모한 도전도 감행할 수 있기 때문이다.[18]

셋째, 국가는 국가 간 관계 속에서 존재한다. 국가는 국제기구, 국제제도, 외교, 무역, 인적 교류 등 다양한 형태의 관계 속에서 존재한다. 미국과 중국도 마찬가지이다. 이러한 관계 속에서 미국과 중국은 잠재적 갈등을 해결하고 협력의 영역을 확대해 나갈 수 있다. 이 영역은 미중 간 '과정의 국제정치'이다. 코헤인(Robert Keohane)과 나이는 이미 오래전에 '복합 상호의존'이라는 관계의 국제정치를 제시했다.[19] 복합 상호의존의 관계에서는 군사력의 효용은 낮아지고 협력의 가능성은 높아진다. 외교는 이 과정의 국제정치에서 핵심이다. 외교는 갈등을 해소하고 협력을 촉진하기 위한 가장 기본적인 국가 간 정치과정이다. 무역 또한 과정의 국제정치의 중요한 한 요인이다. 무역은 당사국들이 경제적 이익을 공유하기 때문에 이뤄지는 것이고, 따라서 '평화효과'를 가져올 수 있다.

과정의 국제정치는 주로 자유주의 국제정치이론의 영역이다. 과정의 국제정치에서 외교와 무역은 가장 중요한 영역이다. 물론 외교가 특정 이론의 영역일 수 없고 무역 또한 자유주의 이론만의 영역인 것도 아니다. 미중관계에서 과정의 국제정치는 행위자 차원에서 적대적 상호인식을 해소할 수도 있고 힘의 관계에서 발생하는 구조적 긴장을 완화시킬 수도 있다. 코헤인이 밝혔듯이 무정부상태의 국제체계에서도 과정의 국제정치를 통해 협력의 가능성은 열린다.[20] 마찬가지로 무정부상태에서 미중 간 세력경쟁으로 인한 구조적 긴장이 불가피하다 하더라도 협력의 가능성 또한 열려 있는 것이다.

현실주의 관점에서는 힘의 관계를 핵심으로 하는 구조적 변수를 강조한다. 미중관계에서는 세력경쟁, 세력전이, 세력균형, 지정학적 경쟁 등이 핵심 변수이다. 자유주의 관점에서는 다양한 형태의 국제정치 과정을 강조한다. 외교, 국제기구, 공식적·비공식적 대화채널 등을 통해 과정의 국제정치가 진행된다. 더불어 상품과 서비스가 오고가는 무역통상을 비롯한 경제교류 또한 과정의 국제정치이다. 구성주의 관점에서는 행위자 차원의 요인들이 주요 변수이다. 여기에는 리더십, 가치와 규범, 인식과 의도, 정치체제, 대외전략 등이 주요 변수가 된다.

국제체계 속에서 국가 간 관계는 복합적이다. 미중관계도 마찬가지이다. 세력관계, 리더십의 상호인식과 전략, 공식적인 외교관계, 산업통상관계, 인적 문화교류 등 다양한 요인들이 미중관계를 구성한다. 지금까지 검토했듯이 미중관계는 국제체계 속에서 구조, 행위자, 과정의 세 차원에 걸쳐 있다. 미중관계는 이들 세 차원의 복합적 작동의 결과로 설정된다.

통합분석예측

미중관계를 이들 어느 하나의 이론적 관점에서 분석할 수도 있겠지만, 위에서 지적했듯이 단편적인 결론에 이르거나 미중관계의 특정 부분을 과장하는 문제가 있다. 따라서 보다 실제적인 미중관계의 현실을 파악하기 위해서는 이들 세 차원이 미중관계 형성에 미치는 복합적인 결과를 산출하는 것이 필요하다. 따라서 여기서 제시하는 세 수준 통합분석예측 모델은 다음과 같이 요약할 수 있다.

미중관계 = a (구조) + b (행위자) + c (과정)

여기서, 가중치 a, b, c 는 주어진 기간 동안 세 차원의 상대적 영향력의 크기를 의미하는데 이 연구에서는 동일할 것으로 가정한다. 그러나 세 차원이 미중관계에 미치는 영향력의 시간적 지속성은 차이를 보일 것이다. 미중 간 세력관계는 세 차원에서 가장 장기적이고 지속적인 영향력을 미칠 것이다. 반면 리더십이나 상대국에 대한 인식은 리더십의 교체주기에 따라 가장 단기적인 영향력을 미칠 것이다. 미중 간 과정의 국제정치는 중기간 정도의 영향을 미치는 것으로 볼 수 있다. 세력관계에 따른 구조적 차원이 주어진 기간 동안 지속적이고 일관되게 영향을 미친다면 행위자 차원이 미치는 영향력은 리더십의 교체주기에 따라 긍정과 부정의 주기적 반복을 보일 것이다. 외교나 무역과 같은 과정의 차원 또한 긍정과 부정의 영향력이 교차하겠지만 행위자 차원보다는 비교적 지속성을 보일 것이다. 따라서 $a = b = c$ 로 가정하더라도 주어진 기간 동안 실제 영향력의 크기는 절대값으로 $|a$ (구조) $| > |c$ (과정) $| > |b$ (행위자) $|$ 가 될 것이다.

더불어 이들 세 차원 간의 상호작용을 분석할 필요가 있다.

차원 간에 '상쇄' 혹은 '증폭' 효과가 있을 수 있다. 예컨대 구조적 차원에서 세력관계의 변동은 과정의 차원에서 무역분쟁을 야기할 수 있고,[21] 행위자 차원에서 상대국에 대한 인식의 변화를 야기할 수도 있다.[22] 마찬가지로 칼더(Kent Calder)가 지적하듯이 자유주의 국제질서는 미국 주도의 지정학적 세력정치를 기반으로 구축되어 있고, 미국 주도의 지정학적 세력관계에 구조적 변화가 진행되면 자유주의 국제질서 또한 불안정하게 된다.[23] 즉 구조 차원의 변화는 과정 차원의 변화를 가져올 수 있다는 것이다. 역으로 상대국에 대한 우호적 인식과 전략은 양국 간 무역을 증대시킬 수도 있고 미중 간 세력전이에 따른 구조적 긴장을 완화시킬 수도 있을 것이다. 이러한 세 차원의 상호작용 효과를 고려해야 보다 실제적인 미중관계를 드러낼 수 있을 것이다.

아래의 〈표 1〉은 세 수준에서의 주요 변수들을 보여준다. 이 책에서는 특히 구조 수준에서 지정학적 세력경쟁, 세력전이, 과

표 1 분석수준과 주요변수

	구조	과정	행위자
주요변수	세력경쟁	외교	리더십
	세력균형	대화소통 채널	이념/가치/규범
	세력전이	국제기구	정체성
	지정학	무역	인식/전략
	패권경쟁	인적 교류	정치체제/국내정치

정의 수준에서 외교와 대화채널, 무역 추이, 행위자 수준에서 리더십과 상호인식, 전략, 국내정치 등의 변수들을 중심으로 검토한다. 각각의 분석수준에서 주요 변수들이 미중관계에 미치는 영향력을 일차적으로 검토하고, 수준 간 시계열적 상대적 영향력과 상호작용 효과를 검토하여 통합적인 미중관계의 실제를 드러낸다.

미중관계의 범주

미중관계가 전개될 수 있는 범위는 어떻게 될까? 이 연구에서는 미중관계가 동반자관계(partnership), 협력관계(cooperation), 경쟁관계(competition), 갈등관계(conflict), 적대관계(adversary) 중 어느 하나, 혹은 둘 이상의 복합적 관계로 전개될 것으로 상정한다.

이 책에서 '동반자관계'는 미국과 중국이 국제규범을 공유하고 국제질서를 공동 관리하는 높은 수준의 협력관계를 의미한다. '협력관계'는 국제정치의 주요 의제에 대해 협력해 나가는 관계를 의미한다. UN, WTO, NPT, 세계경제, 기후변화, 해양질서, 보건의료 등의 분야에서 협력하면서 국제질서를 유지해 나가는 관계를 의미한다. '경쟁관계'는 세력정치, 지정학, 세계경제, 무역,

핵심 기술 등의 분야에서 국가이익의 경쟁적 확장이 전개되는 양상의 관계를 의미한다. '갈등관계'는 국제규범에 대한 공통의 인식이 약하고 세력정치, 세계경제, 핵심 기술 등의 분야에서 정합게임(positive sum game)이 아니라 영합게임(zero sum game)이 주도적으로 전개되는 양상의 관계를 의미한다. '적대관계'는 국제질서 전반에 대한 이념과 규범이 대립하고 현상유지와 현상변경으로 충돌하면서 전쟁의 위험성까지 내포하고 있는 관계를 의미한다.

미중관계의 실제는 어느 일면의 양상만이 지배적이기보다는 두세 개의 양상이 동시에 그리고 중첩적으로 나타나는 현상이 일반적일 것이다. 예컨대 동반자-협력관계, 협력-경쟁관계, 경쟁-갈등관계, 갈등-적대관계 등의 중첩적 양상으로 전개되거나 세 개의 양상이 복합적으로 나타날 수도 있을 것이다. 미국의 블린컨 국무장관은 미중관계를 이슈별로 경쟁, 협력, 적대의 세 가지 방식으로 대응할 것이라고 언급하면서 경제와 기술 분야에서는 경쟁 양상이 전개될 것이고, 군사와 이념 분야에서는 적대 상황이 전개될 것이고, 기후변화, 비확산, 감염병 등 글로벌 이슈 분야에서는 협력이 가능할 것으로 전망했었다.[24]

다른 한편, 이 책에서 제시하는 '평화적 공존'이란 미국과 중국이 협력을 모색하고 경쟁을 관리하면서 충돌 없이 양국관계를 이끌어 가는 관계를 의미한다. 또한 이 책의 핵심 개념의 하나인 전략적 경쟁은 세력경쟁을 중심으로 하는 경쟁관계의 한 양상이다. 한쪽의 세력 증강은 다른 쪽의 대응을 불러오는 전략적 상호작용이 전개되는 관계이다. 세력은 군사력뿐만 아니라 경제력, 지정학, 외교력 등을 포괄하는 복합적 결과로 형성된다. 미중관계에서 전략경쟁은 한편으로는 인도·태평양 지역에서 지정학적 세력정치의 양상으로, 다른 한편에서는 기술우위 경쟁을 비롯한 경제패권 경쟁으로 전개되어 왔다. 여기서 경제패권 경쟁이란 미국은 경제력에서 중국의 추월을 최대한 지연시켜 세계 최대의 경제력을 유지하고자 하고, 중국은 미국의 견제에도 불구하고 독자적인 성장동력을 확보하여 미국의 경제력을 추월하여 세계 최대의 경제가 되고자 하는 경쟁이다. 지정학적 세력정치와 경제패권 경쟁으로 전개되는 미중 간 전략경쟁은 미래 미중관계에서도 계속될 것이다.

미중관계의 범주와 관련하여 미중관계가 과거 미소 간 냉전처럼 '신냉전'인가 하는 문제도 검토해 볼 필요가 있다. 이미 신냉전으로 기정사실화하고 있는 입장과 그렇지 않다는 입장이 맞서고 있기 때문이다. 미소 간 냉전이 군사적 대립뿐만 아니라 정치, 경제, 이념, 진영의 대립구도였기 때문에 종합적인 검토가 필요할 것이다. 이 책에서는 별도의 장에서 미중관계가 신냉전인가 하는 문제를 검토하기로 한다.

세력전이와
투키디데스의 함정

미중관계가 21세기 국제정치의 결정적 요인으로 떠오르게
된 것은 중국의 부상으로 인한 미중 간 세력관계의 변동 때문이
다. 특히 미중 간 세력전이가 실현될 것인가, 그리고 그로 인해
미국과 중국은 군사적 충돌 혹은 전쟁으로 나아갈 것인가 하는
점이 핵심 쟁점이다. 이 문제를 다루기 위해 여기서는 세력전이
이론, '정점 국가론'(peak power), 그리고 '투키디데스의 함정'을
살펴보고 미중관계의 미래를 전망하는 이론적 지침으로 삼는다.

세력전이

세력전이 이론은 오르간스키가 1958년 그의 저서 『세계정치

(*World Politics*)』에서 처음 제시하였다. 세력균형 이론이 산업화 이전 농업경제 시대에 국력의 변동이 거의 없는 정적인 국제체계에 적합한 이론이라면, 세력전이 이론은 산업화 이후 국력증강 속도의 차이로 인해 국가 간 상대적 세력분포가 비교적 빨리 변하는 동적인 국제체계에 적합한 이론으로 제시하였다. 세력전이 이론은 아래 〈그림 1〉처럼 국제체계는 지배국가를 정점으로 강대국, 중강국, 약소국 등으로 구성되며 이러한 위계질서가 안정적이라고 전제하였다. 국제체계는 또한 지배국가가 주도적으로 구축한 국제질서에 대해 만족하는 국가들과 불만족하는 국가들

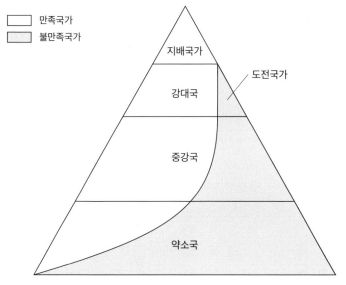

그림 1 위계적 국제체계
출처: Organski(1958, 33)의 그림에서 최하위의 '식민지' 그룹을 제외

로 구별된다고 보았다. 이때 도전국가는 강대국이면서 불만족한 국가들에서 지배국가와 힘의 격차를 줄이면서 나타나게 된다.

오르간스키는 세력균형이 아니라 세력우위가 평화의 조건이라고 본다. 따라서 지배국가와 만족국가 그리고 그들 동맹의 세력이 불만족한 도전국가와 그 동맹의 세력보다 압도적으로 우위일 때 평화는 유지된다. 즉 현상유지를 지지하는 국가들의 세력이 압도적이어서 이에 대한 군사적 도전이 성공할 가능성이 없을 때 평화는 유지된다는 것이다. 반면에 불만족한 도전국가와 그 동맹의 세력이 현상유지를 지지하는 국가들의 세력과 대략 '힘의 균등'(power parity)에 도달하게 되면 전쟁이 발발할 가능성은 높아진다고 본다.[25]

오르간스키 이후 세력전이 이론은 다양한 경험적 연구를 통하여 다양한 연구결과를 축적해 오고 있다. 오르간스키가 국력의 지표로 인구, 인구의 경제적 생산성, 정치체제의 효율성을 제시한 이후 이들을 측정 가능한 계량지표로 조작화하여 경험적 연구들을 발표하는 데 주력하였다. 오르간스키와 쿠글러(Jacek Kugler)가 1980년 발표한 *The War Ledger*가 대표적이다. 김우상은 세력전이 이론에 동맹 변수를 추가하여 이론의 적용 범위를 확장하였고, 렘키(Douglas Lemke)는 세력전이 이론을 국제체계가 아닌 지역체계에 적용하기도 하였다.[26] 이들 연구들의 결과는 공통적으로 부상하는 국가의 세력이 기존 지배국가 세력의

80~120% 정도의 '세력균등 구간'에 진입하게 되면(overtaking) 국제체계의 불안정성이 커지고, 여기에 부상하는 도전국가가 현존 국제질서에 불만족하다면(dissatisfied) 전쟁 발발 가능성이 높아진다는 것이다.[27] 즉 '세력전이'와 '불만족'이 결합되면 전쟁의 가능성이 높아진다는 것이다.

모든 세력전이가 전쟁으로 귀결되는 것은 아니다. 또한 전쟁이 세력전이만으로 발발하는 것도 아니다. 세력전이 이론은 세력전이와 불만족이 결합할 경우 전쟁의 가능성이 높아진다는 확률의 이론이다. 또한 전쟁은 수많은 요인들로 일어날 수 있고 세력전이는 그중 하나의 요인이다. 세력전이 이론에서는 '세력전이'와 '만족도'가 핵심 변수이다. 세력은 경제력, 군사력, 혹은 종합국력 등의 방식으로 측정과 비교가 가능하다. 만족도와 관련해서 이를 계량적으로 측정하려는 많은 시도들이 있으나 국가의 만족도를 판단하는 것은 결코 쉬운 일이 아니다. 오닐(John Oneal) 등이나 베클리(Michael Beckley)가 지적하듯이, 지배국가가 주도적으로 구축한 기존 국제질서에서 지배국가를 추월할 정도로 부상한 국가가 기존 국제질서에 불만족하여 현상변경 세력이 될 수 있는가 하는 문제제기는 설득력이 있다.[28] 베클리가 지적하듯이 그런 국가는 기존 질서에서 힘을 키워 조용히 때를 기다려 전쟁 없는 세력전이를 실현하는 것이 합리적일 것이다.

정점 국가

베클리는 이러한 문제에 대해서 '정점 국가론'(peak power)을 대안으로 제시한다.[29] 중국의 부상은 '정점'에 이르고 있다는 주장이다. 정점에 이르고 있기 때문에 중국은 가까운 미래에 정체하거나 쇠퇴하는 길만이 남아 있다고 주장한다. 나아가 부상하는 중국보다 정점에 이르는 중국이 더 '위험'하다는 주장으로 전개된다. 중국이 더 이상 부상하지 못하면 그동안 내세웠던 야심찬 목표나 중국 인민들의 높아진 기대감에 조급해진 지도부가 '더 늦기 전' 심리에 사로잡혀 모험적인 대외 행동을 취할 수 있다고 보기 때문이다. 이 경우 타이완 침공을 가장 유력한 선택으로 본다. '정점 중국'(peak China) 혹은 '정점에 이르는 중국'(peaking China)으로 부를 수 있는 주장들이다.

베클리는 브랜즈(Hal Brands)와 함께 2021년 *Foreign Policy*에 처음으로 '정점 중국론'을 제기하였다.[30] 중국은 거의 '정점'에 이르렀고 이제 쇠퇴의 길로 접어들 것이라고 주장한다. 2008년 세계금융위기 이후 중국경제는 침체 국면에 들어섰다고 진단한다. 노동인구의 급격한 감소, 생산성 하락, GDP의 3배에 달하는 부채, 시진핑 체제 이후 권력집중과 권위주의적 통제 강화, 미중 간 전략경쟁과 미국의 중국 견제 등의 요인들이 복합적으로 작동해서 중국은 성장률이 둔화되고 가까운 미래에 쇠퇴의 길로 접어들 것이라고 본다. 나아가 부상하는 중국보다 쇠퇴하는 중국이 더 '위험'하기 때문에 중국은 남중국해나 동중국해에서 더욱 공세적일 것이고 향후 10년 안에 타이완에 대한 무력통일을 감행할 수 있다고 주장한다.

그러나 이 책의 "중국은 미국을 따라잡을 것인가?"장에서 볼 수 있듯이 전문기관들의 중국 경제성장 예측에 따르면 비록 성장률이 둔화되기는 하지만 2050년까지 중국경제는 계속 성장한다. 가장 비관적 전망을 내놓고 있는 Capital Economics도 2035년 미국에 가장 근접한 이후 다시 격차가 벌어지기는 하지만 2050년까지도 성장을 지속하는 것으로 발표하고 있다.[31] 대부분의 전문기관들이나 연구결과는 중국의 성장이 둔화되기는 하지만 정체나 쇠퇴를 예상하지는 않는다. 그렇다면 2050년까지 '피크 차이나'는 없다. Capital Economics의 시나리오에 따른다면 미국의 경제력에 가장 근접하는 2035년이 '피크 차이나'가 될 가능성을 상정해 볼 수는 있을 것이다.[32]

브랜즈와 베클리는 세력전이로 인해 펠로폰네소스 전쟁이 발발했다는 투키디데스의 설명은 '틀렸다'고 주장한다. 오히려 부상하던 아테네가 해군력에서 스파르타에 뒤처지고 있다는 불안감이 전쟁의 직접적인 원인이었다는 것이다. 1차 세계대전을 일으킨 독일이나 태평양 전쟁을 일으킨 일본의 경우도 세력전이가 아니라 예상되는 세력정체 혹은 세력쇠퇴가 전쟁을 일으킨

원인이었다는 것이다.[33]

베클리는 세력전이 이론에 대한 문제 제기와 함께 하나의 대
안으로서 '피크에 이르는 국가의 모험론'을 제기한다.[34] 기존 질
서에서 부상하던 국가가 왜 그 질서하에서 부상을 지속하여 갈
등이나 전쟁 없이 지배국가를 추월하는 선택을 하지 않고, 그 질
서에 '불만족'하여 그 질서를 수정하기 위한 전쟁을 감행하는가?
중국은 덩샤오핑(邓小平)의 도광양회(韬光养晦)를 따라 전쟁 없이
지배국가를 따라잡는 것이 합리적일 텐데 왜 '불만족'하여 전쟁
을 감행할 수 있다고 전제하는가? 베클리는 이러한 질문을 세력
전이 이론에 던지면서 '정점에 이르는 국가의 모험'이라는 명제
를 주장한다.[35]

베클리는 2012년을 기점으로 중국을 '정점에 이르는 국가'
(peaking power)로 규정한다. 2012년 중국은 세계금융위기의 여
파로 성장률이 9%대에서 7%대로 떨어졌다. 이것으로 중국을
'피킹 차이나'로 단정할 수 있는가? 이것 때문에 중국이 공세적·
팽창적 대외전략을 펼칠 만큼 중대한 전환점이 되는가? 시진핑
지도부는 시장이 위축되고 수출이 줄어드는 세계경제를 '뉴 노
멀'(新常态)로 받아들이고 성장모델의 전환을 모색하기 시작했
다. '일대일로'(一带一路), '중국제조 2025', '쌍순환'(双循环) 등의
전략과 정책들이 이러한 차원에서 등장했다. 성장률의 둔화는 고
도성장을 해오던 개도국이 산업고도화로 진입하면서 거치는 일

반적인 현상이다. 제인 챈드라(Sonali Jain-Chandra) IMF 중국 담당 책임자는 중국경제가 이제 고소득 국가로 진입하는 경계에 있기 때문에 지난 몇 십 년간의 8-10% 성장이 둔화되는 것은 자연스러운 것이고 불가피한 것으로 본다.[36] 다만 중국은 인구감소와 투자주도 성장의 한계로 인해 보다 급격한 성장둔화를 맞게 될 것이라는 것이 전문가들의 공통적인 예측이다.

나아가 '정점 국가론'이 세력전이 이론을 대체하는 새로운 이론적 관점으로 보이지는 않는다. 부상하는 강대국이 정체 없이 계속 부상하면 세력전이가 실현되는 것이고, 이로 인해 갈등이나 전쟁 혹은 평화로운 세력전이가 일어날 수 있을 것이다. 반면 세력전이가 실현되기 이전 어느 시점에 성장이 둔화되거나 쇠퇴가 예상되는 경우가 있을 수 있고, 이 경우에는 '정점 국가론'이 제기하는 모험적이고 중상주의적 대외팽창이 전개되면서 갈등이나 전쟁이 일어날 수도 있을 것이다. 그렇다면 '정점 국가론'도 결국 세력전이의 한 유형으로 이해할 수 있을 것이다.

세력전이 이론과 마찬가지로 정점 국가론에서도 힘의 관계에 따른 구조적 조건이 전쟁과 평화를 결정짓는 것은 아니다. 결국은 리더십의 인식과 전략이 관건이다. 베클리도 이러한 리더십의 심리적 측면을 강조한다. 부상하는 강대국이 기존 지배국가를 추격하지만 따라잡을 수 없고 따라서 그 야망을 실현할 수 없을 것이라는 점을 인식하는 그 시점, 즉 부상이 정점에 이르렀다고 판단하는 시점이 가장 위험하고 무모한 시도를 감행할 수 있다는 것이다. 이러한 무모한 도전과 모험은 정점 국가 리더십의 '더 늦기 전' 심리, 과장된 위협, 과도한 자신감으로 촉발된다는 것이다.[37] 그렇다면 피킹 차이나 문제도 결국은 리더십의 문제이다. 세력전이와 마찬가지로 구조적 긴장을 관리하고 평화적 공존을 모색하는 과정의 국제정치, 즉 외교와 리더십의 인식과 전략이 무엇보다 중요할 것이다.

투키디데스의 함정

2500년 전 그리스 지역에는 스파르타를 맹주로 하는 펠로폰네소스 동맹과 아테네를 맹주로 하는 델로스 동맹이 경쟁하고 있었다. 아테네는 민주정을 세우고 무역을 통해 부를 축적하면서 세력을 팽창해 나갔다. 스파르타와 아테네 사이에 자리 잡고 있던 도시국가 코린토스는 스파르타의 동맹이었다. 코린토스의 이주민이 발칸반도 북서쪽 섬에 코르키라를 세웠고, 코르키라는 당시로서는 막강한 해군 함대를 구축했다. 코르키라의 이주민이 더 북쪽 해안에 에피담노스를 세웠다. 말하자면 코린토스는 할아버지 국가, 코르키라는 아들 국가, 에피담노스는 손자 국가였던 셈이다. 이들 도시국가들은 서로 내정에 개입하고 이를 거부하면서 갈등의 골이 깊었다. 투키디데스의 『펠로폰네소스 전쟁사』는 이 '삼대' 도시국가 간 얽히고설킨 내분과 동맹관계에서 시작한다.[38]

북쪽의 작은 도시국가 에피담노스에서 민주파와 귀족파 간에 내분이 일어난다. 민주파는 코르키라에 도움을 청하나 중립을 이유로 거절당한다. 이에 에피담노스의 민주파는 할아버지 국가인 코린토스에 주권을 넘기면서 도움을 청한다. 에피담노스를 놓고 코르키라와 코린토스가 대립하게 되자 코르키라는 중립을 포기하고 아테네와 동맹을 맺는다. 코린토스는 스파르타를 끌어들여 코르키라, 아테네와 일전을 준비한다. 에피담노스의 내분에서 시작된 갈등과 대립이 이제 코린토스와 스파르타 대 코르키라와 아테네의 대립구도로 확장되었다.

투키디데스는 스파르타와 아테네 간에 전쟁을 피하기 위한 외교적 노력을 자세히 소개한다. 그러나 코르키라의 함대가 양국 간 전략적 딜레마였다. 스파르타는 코린토스를 지원한다면 아테네와의 충돌을 피할 수 없을 것이고, 지원하지 않는다면 코르키라의 함대가 아테네로 넘어가 아테네의 부상을 가속시키는 결과를 맞게 될 것이었다. 아테네 또한 코르키라를 지원한다면 코린토스를 적으로 만들어 스파르타와의 평화조약을 깨는 것이고, 지원하지 않는다면 코르키라의 함대가 스파르타 진영으로 넘어가 제해권에 치명적 위협을 감수해야 했다.

스파르타와 아테네는 스파르타의 동맹이었던 메가라를 놓고도 대립하였다. 아테네는 전쟁 1년 전 아테네 서쪽에 자리 잡고 있던 메가라에 대해 아테네 제국과 무역을 금지하는 '메가라 법령'(Megarian Decree)을 공표하였다. 스파르타는 자국 주도의 국제질서에 대한 위협으로 판단하고 법령의 철회를 요구했다. 아테네는 이러한 요구가 아테네의 부상에 대한 견제와 억제로 보고 철회를 거부했다. 코르키라와 코린토스의 대립, 메가라 법령의 문제를 놓고 스파르타와 아테네는 외교적 해결을 모색하였으나 평화를 찾아내지는 못하였다. 결국 이 두 사건은 아테네의 부상으로 인한 구조적 긴장을 전쟁으로 점화시킨 불씨가 되었다.

투키디데스는 '전쟁이 필연적이었던 것은 아테네의 부상과 그에 따라 스파르타에 스며든 두려움 때문이었다'고 설명했다. 아테네의 부상으로 인한 스파르타와 아테네 간 세력관계의 변동이 구조적 긴장을 불러왔고, 이에 따라 지배국가로서의 위상에 위협을 느낀 스파르타 리더십의 과도한 두려움이 결국 전쟁을 촉발시켰다는 설명이다. 투키디데스는 스파르타와 아테네가 평화조약을 파기하고 전쟁에 들어갔던 것은 표면적으로 '이해관계', '두려움', '명예' 때문이었으나, 그 기저에서 진행되고 있던 세력전이가 근본 원인이었다는 설명이다.

투키디데스는 구조적 긴장을 전쟁으로 점화시킨 불씨로 세 가지 동인을 밝힌다. 아테네가 스파르타의 동맹국들에까지 팽창을 확장해 감에 따라 스파르타의 '이해관계'가 잠식되고 있다는 판단이 첫 번째 불씨였다. 아테네의 부상에 대한 스파르타의 과장된 '두려움'과 아테네의 과도한 '자만심'이 두 번째 불씨였다. 부상하고 있던 아테네가 스파르타의 동맹국들에 대해서도 자국의 위상에 걸맞은 인정과 존중을 요구했고, 스파르타와 아테네 국내에서 상대국에 제대로 맞서지 못하면 재앙이고 '불명예'라는 국내정치가 세 번째 불씨였다.[39] 스파르타와 아테네 간에 세력전이로 인한 구조적 긴장에 이익, 두려움, 명예라는 불꽃이 점화되면서 두 나라는 결국 전쟁으로 빠져들고 말았다.

투키디데스는 그의 책에서 "나의 역사 기록이 미래를 이해하기 위해 과거를 되돌아보는 사람들에게 유용한 도구가 된다면, 비록 미래가 과거를 그대로 비추지는 않겠지만 인간사가 크게 다르지는 않을 것이기에 나는 만족스러울 것이다"라고 했다.[40] 2500년 이후의 세계도 크게 다르지 않을 것이라는 그의 혜안은 놀랍고 무섭다. 앨리슨 교수는 투키디데스의 이 놀라운 혜안을 '투키디데스의 함정'이라 부른다.

앨리슨은 2012년 *Financial Times* 기고에서 처음으로 '투키디데스의 함정'이라는 역사적 은유를 사용하였다. 2015년 *The Atlantic*에 학술적 논문을 게재하고 2017년 『예정된 전쟁』을 출판하면서 학계와 일반 대중으로 알려지고 논쟁을 유발했다. 앨리슨은 '새로 부상하는 세력이 기존 지배 세력의 자리에 위협으로

다가올 때 발생하는 극심한 구조적 긴장'을 '투키디데스의 함정' 으로 불렀다. 이런 상황에서는 예기치 못한 사건이나 외교관계에서 흔히 나타나는 불씨조차 대규모 충돌을 촉발시킬 수 있다고 지적한다.[41] '새로 부상하는 세력이 지배 세력을 대체할 정도로 위협적일 경우 그에 따른 구조적 압박이 무력 충돌로 이어지는 현상은 예외적이라기보다는 차라리 법칙에 가깝다'고 앨리슨은 단언한다.[42] 앨리슨은 15세기 말에서 현재까지 16번의 세력전이 사례 중 4번을 제외하고는 전쟁이 발발했다는 역사적 사실을 제시한다.[43]

데이빗 강(David C. Kang) 교수는 '동아시아에 투키디데스는 살지 않았다'는 흥미로운 논문을 발표했다.[44] 동아시아에 투키디데스가 살지 않았던 것은 명(明)이나 청(淸)이 견고한 위계질서를 유지하여 구조적 긴장을 만들어 낼 정도의 신흥 강대국의 부상이 없었기 때문일 것이다. 그러나 청조가 내우외환으로 약해진 19세기 말 일어났던 청일전쟁은 세력전이로 인한 전쟁, 즉 투키디데스의 함정에 빠진 사례로 볼 수 있을 것이다.[45] 마찬가지로 부상하는 중국이 미국의 우위에 도전하면서 이 두 나라는 투키디데스가 설명한 치명적인 함정에 빠질 위험에 처하게 되었다고 앨리슨은 진단한다. 지금 궤도에서 수십 년 안에 미국과 중국 간 전쟁 가능성은 우리가 인식하는 것보다 훨씬 높다고 경고한다. 과연 미국과 중국은 2500년 전의 투키디데스의 함정에 빠져들어

'예정된 전쟁'으로 나아갈 것인가?

　다른 한편, 앨리슨은 전쟁이 필연적이지 않다는 점 또한 강조한다. 투키디데스의 함정이 운명론이나 비관론이 아니라 미국과 중국이 구조적 긴장을 이해하고 외교와 리더십으로 풀어나간다면 평화적 공존이 가능할 것이라는 지적이다. 시진핑 주석은 2015년 미국을 두 번째로 방문했을 때 시애틀의 환영 만찬 연설에서 '투키디데스의 함정'을 언급했다. 시진핑 주석은 "세상에 소위 투키디데스 함정 같은 것은 없다, 그러나 강대국들이 전략적 오판을 반복한다면 그들 스스로 그런 함정을 만들 수도 있을 것"이라고 했다.[46] 외교와 리더십의 대화를 통해 전략적 오판을 피하는 것이 관건이다. 미국과 중국은 아테네와 스파르타가 2500년 전에 보였던 '과장된 자기중심주의는 오만함이 되고 비이성적인 두려움은 피해망상이 되는' 것을 경계해야 한다.[47]

　앨리슨은 투키디데스의 함정에 빠지지 않았던 네 번의 사례가 주는 역사적 교훈을 거듭 강조한다. 부상하는 국가와 기존 지배국가 간 관계를 관리하고 조정해 나가는 외교를 중심으로 하는 과정의 국제정치가 무엇보다 중요하다는 점이다. 앨리슨은 '주 단위로 정상급 수준의 관심을 지속적으로 이어가야 하고, 여기에 키신저-저우언라이 회담에서와 같은 깊은 상호이해가 바탕이 되어야 하며, 지도자와 대중 모두 태도와 행동 면에서 크게 변해야 한다'는 점을 강조한다.[48]

태평양 전쟁, 1941-1945

1941년 12월 7일 일요일 아침 일본은 하와이 진주만의 미국 태평양 함대를 기습 공격했다. 전함 애리조나호와 오클라호마호를 비롯한 함대의 상당 부분이 파괴되었고 수많은 해군 병사들이 전사했다. 태평양 전쟁의 시작이었다. 앨리슨은 태평양 전쟁을 투키디데스의 함정에 빠진 사례의 하나로 포함시키고 있다.[49] 미국과 일본은 왜, 어떻게 투키디데스의 함정에 빠지게 되었나?

미국은 1898년 스페인과의 전쟁에서 필리핀과 괌을 식민지로 편입했다. 같은 해 미국은 하와이를 병합했다. 1899년과 1900년에 걸쳐 미국 국무장관 헤이(John Hay)는 중국에 대한 서구 열강과 일본의 세력 분할에 대응해서 '문호개방정책'을 선언했다. 이 선언에서 미국은 '중국의 영토와 행정의 보존', 즉 중국의 주권과 독립 보존이 미국의 기본정책이며 중국 내 전 지역에서 평등하고 차별 없는 무역을 보장해야 한다는 원칙을 발표했다. 미국은 아시아·태평양 지역에 이미 미국의 영토와 질서를 구축하기 시작한 것이다. 20세기 첫 대통령이었던 루즈벨트(Theodore Roosevelt)는 20세기는 미국의 세기가 될 것이라고 자신했다.

메이지 유신 이후 일본의 부상과 팽창은 위협적이었다. 1885년에서 1899년 사이에 일본의 GNP는 3배로 커졌고, 1880년 전체 예산의 19%였던 국방예산은 1890년에 31%로 급증했다.[50]

조선에 대한 종주권을 놓고 청조와 일본은 부딪혔고 결국 전쟁으로 치달았다. 일본은 청일전쟁에서 이기고 1895년 청조와 시모노세키조약을 체결했다. 이 조약으로 일본은 조선이 청조의 종속국이 아니라 독립국임을 인정하게 했고 타이완과 펑후제도 그리고 랴오둥반도를 차지했다.

그러나 러시아가 주도한 삼국간섭으로 일본은 랴오둥반도를 포기할 수밖에 없었다. 일본은 만주에 대한 러시아의 주도권과 조선에 대한 일본의 주도권을 상호 인정하자는 제안을 제시했다.[51] 러시아는 이를 거절했고, 일본은 전쟁 준비에 들어갔다. 1904년 러일전쟁을 일으켜 승리한 일본은 러시아와 1905년 미국 포츠머스에서 강화조약을 체결했다. 이 조약으로 일본은 남만주철도 관할권을 포함하여 랴오둥반도를 되찾고 사할린섬 남쪽 반을 이양받았다. 또한 조선에 대한 러시아의 영향력을 종식시켰고 일본의 주도권을 확보했다. 일본은 삼국간섭을 뒤집었고 이로써 동아시아의 최강국으로 부상했다. 1910년 조선을 강제 병합했다.

유럽에서 1차 세계대전이 발발하자 일본은 연합국 측에 가담하여 1914년 독일의 조계지 칭다오를 점령하고, 태평양에서 독일령 마셜제도, 캐롤라인제도, 마리아나제도를 점령하여 태평양으로 팽창의 근거지를 확보했다. 1931년 만주사변을 일으켜 만주국을 세우고 중국의 동북지역으로 팽창해 나갔다. 1933년 일본은 '아시아인들의 아시아'라는 일본판 먼로독트린을 선포하여 일본 주도의 동아시아 질서를 구축하고자 했다. 1937년 중국을 침략하여 동부 해안지역의 대부분을 점령하였다.

일본의 부상과 팽창은 아시아·태평양 지역에서 미국이 주도하던 문호개방 원칙의 질서와 부딪히기 시작했다. 일본이 1931년 중국의 만주 지역으로 팽창해 나가자 미국은 '스팀슨 독트린'(Stimson Doctrine)을 발표하여 무력에 의한 어떠한 영토적 변경도 인정하지 않는다는 점을 분명히 하여 일본의 팽창에 경고를 보냈다. 일본이 중국을 침략하여 중일전쟁을 일으키자 미국은 중국의 국민당 정부에 전쟁물자 구입을 지원했다. 이때까지 미국의 중국 정책은 소극적이었고 일본의 팽창과 위협에도 적극적으로 대응하지 않았다.

그러나 유럽에서 2차 세계대전이 발발하면서 미국의 전략적 계산은 바뀌게 된다. 독일이 프랑스를 점령하고 1941년 소련과 전쟁을 시작했고, 일본이 한반도와 만주, 중국 침략을 거쳐 인도차이나반도의 프랑스 식민지들을 점령해 나가자 미국의 전략적 지형은 험난해졌다. 미국은 유럽에서 유럽의 대부분과 소련을 차지한 독일제국과 아시아에서 한반도, 만주, 중국, 동남아시아와 태평양을 차지한 일본제국과 부딪혀야 하는 전략적 지형을 마주할 수도 있었다. 미국은 일본의 팽창에 적극적으로 대응하기 시작했다. 루즈벨트 행정부는 1941년 여름 일본에 대한 금수조치를 단행했다. 일본은 연료, 가솔린, 기계류, 고철 등의 대부분을 미국으로부터의 수입에 의존하고 있었다. 따라서 미국의 금수조치는 일본에 심각한 경제적, 군사적 위협이었다.[52]

일본의 부상과 팽창은 미국의 문호개방 질서와 전략적 이해관계에 위협으로 인식되었고 미일 간 구조적 긴장은 증폭되었다. 일본의 세력은 여전히 미국과 비교할 수 없을 정도로 열세였지만 미국이 유럽에 집중하고 동아시아에서 전면전으로 나서지 않는다면 단기간에 미국을 제압하고 유리한 협상을 끌어낼 수 있으리라고 일본은 판단했다.[53] 진주만 공격 계획을 수립한 야마모토 이소로쿠(山本 五十六) 제독은 "미국과 영국을 상대로 전쟁을 시작한다면 첫 6개월에서 1년 동안 거세게 밀어붙여서 계속 승리하는 모습만 보여줄 것입니다. 그러나 전쟁이 2-3년 동안 계속된다면 최종적으로 승리할 자신은 없습니다"라고 일본 정부에 보고했다.[54]

앨리슨은 1941년 여름 루즈벨트 행정부의 금수조치가 미일 간 구조적 긴장을 점화시킨 불씨였다고 본다. 펠로폰네소스 전쟁에서 아테네가 스파르타의 동맹 메가라에 가한 무역제재가 그랬듯이 일본에 대한 금수조치가 미일 간 구조적 긴장을 폭발시킨 불씨가 되었다는 것이다. 리더십과 외교가 작동해서 불씨가 구조적 긴장을 점화시키지 않도록 할 수 있었던 시점은 바로 이 지점이었을 것이다. 진주만 기습 닷새 전에 주미 일본 대사는 "일본이 미국의 위상에 굴복하라는 심각한 수준의 압박을 받고 있는데, 이 압박에 굴복하느니 차라리 싸우는 게 낫다고 결론지었다"고 경고했다.[55] 미국은 일본이 점령한 만주, 중국, 인도차이나에서 물러날 것을 요구했고, 일본은 이 요구와 전쟁 사이에서 전쟁을 차악으로 선택한 것이다. 결국 일본과 미국은 투키디데스의 함정에 빠지고 말았다. 미국과 중국은 20세기 미국과 일본의 역사를 반복할 것인가?

이 책의 이론적 논의

앨리슨은 투키디데스의 함정에 빠진 사례의 하나로 미국과 일본 간 태평양 전쟁을 포함시켰다. 베클리는 위에서 논의했던 정점 국가론의 관점에서 태평양 전쟁을 설명한다. 다른 한편, 미어샤이머는 그의 '공세적 현실주의' 이론에 따라 동아시아 강대국으로 부상한 일본이 '지역 패권국가'를 실현하고자 했고, 이미 서반구의 패권국가로 자리 잡은 미국이 이를 허용할 수 없기 때문에 전쟁이 불가피했다는 '강대국 정치의 비극'으로 설명한다.[56] 미일 간 태평양 전쟁도 세력전이로 인한 전쟁이었을까?

펠로폰네소스 전쟁은 세력전이로 인한 전쟁의 고전적인 사례이다. 투키디데스가 아테네의 '부상'과 이로 인한 스파르타의

'두려움' 때문이었다고 설명한 반면, 세력전이 이론에서는 아테네의 부상과 아테네의 불만족이 전쟁의 원인일 것이다. 그러나 태평양 전쟁을 세력전이 이론으로 설명하기에는 무리가 있다. 1941년 전쟁 직전 미국의 경제력은 일본의 8배에 달했다. 일본은 미국과 '세력균등 구간'에도 진입하지 못했다. 태평양 전쟁이 일본의 부상과 팽창으로 인한 전쟁이기는 하나 세력전이 이론으로 설명하기에는 미일 간 세력 격차가 너무 컸다. 이런 이유로 앨리슨은 세력전이 이론의 다양한 이론적 가지들을 단순화시켰다. 그는 신흥 강대국의 부상으로 인한 '구조적 긴장'과 이를 점화시킬 수 있는 '불씨'들을 찾아내고, 이로써 투키디데스의 함정에 빠진 사례들을 설명한다. 투키디데스는 이미 스파르타와 아테네 간 구조적 긴장에 불을 붙인 불씨로 경제적 이해관계, 두려움, 명예를 지적했다.

　신흥 강대국의 부상으로 인해 기존 지배국가와의 사이에서 발생하는 구조적 긴장이 그 자체로 전쟁이나 평화를 결정짓는 것은 아니다. '불만족'이든 '두려움'이든 혹은 '더 늦기 전' 심리와 같은 심리적 조급함이든 행위자 차원에서 리더십의 인식과 전략 그리고 이를 실행하는 외교가 결국은 구조적 긴장에 불을 붙일 수도 있고 구조적 긴장을 완화시켜 협력을 이끌어 낼 수도 있을 것이다. 중국은 분명 부상하고 있다. 미국과 힘의 격차를 줄여가면서 미중 간 구조적 긴장이 분명 발생하고 있다. 현 단계에서 이러한 구조적 긴장은 '전략경쟁'으로 표출되고 있다. 세력전이 이론이건 투키디데스의 함정이건 결국은 중국의 부상으로 인해 필연적으로 발생하는 이러한 구조적 긴장을 관리하고 평화적 공존을 끌어내는 과정의 국제정치, 즉 외교와 리더십의 인식과 전략이 전쟁과 평화를 결정짓는 핵심이다.

이러한 이론적 검토를 바탕으로 이 책에서는 먼저 미중 간 세력관계의 현재와 미래를 분석한다. 미중 간 세력전이가 실현될 것인가 하는 문제를 검토하여 미중관계의 구조적 조건을 먼저 살펴볼 것이다. 현 단계에서 미중 간 구조적 조건은 '전략경쟁'으로 압축된다. 더불어 중국은 기존 국제질서에 불만족하여 현상변경을 추구하는 수정주의 국가인가 하는 문제를 검토한다. 세력전이 이론의 두 조건, 즉 세력전이와 불만족을 확인할 수 있는가 하는 점이 분석의 핵심이다.

여기에 행위자 차원에서 리더십의 상호인식과 전략, 국내정치를 검토하여 전략경쟁을 증폭시킬 것인지 아니면 완화시킬 것인지를 판단한다. 더불어 미중관계의 또 하나의 중요한 구성요인으로서 미중 간 과정의 국제정치가 미중 간 구조적 조건에 미칠 긍정적 혹은 부정적 영향을 검토한다. 미중 간 외교와 무역이 주요한 분석대상이다. 미중 간 힘의 관계에서 전개되는 구조적 조건 그 자체가 전쟁 혹은 평화를 결정짓는 것은 아니다. '인간사가 크게 다르지 않을 것'이라는 투키디데스가 주는 교훈은 결국 이러한 구조적 긴장을 관리하고 평화적 공존을 끌어내는 리더십의 인식과 전략, 이를 실현하는 외교가 핵심이라는 사실일 것이다.

미중관계는
어떻게 전개되어 왔나?

미국과 청조

미중관계는 중국의 차(茶)로 시작되었다. 독립 전 미국 식민지인들은 중국 무역을 독점하고 있던 영국의 동인도회사를 통해서만 중국의 차를 공급받았다. 영국이 차에 세금을 부과하자 1773년 12월 보스턴의 식민지인들은 영국 선박을 점거하고 선적되어 있던 차를 바다에 폐기하는 사건이 일어났다. 이 '보스턴 차 사건'(Boston Tea Party)은 미국 독립전쟁의 도화선이 되었다. 독립 후 미국은 1783년 '중국의 황후'(Empress of China)로 명명한 무역선을 새로 건조하여 펜실베이니아 서부와 버지니아산 인삼과 은을 싣고 중국으로 통상 사절단을 출항시켰다. 사절단은 1784년 당시 유일하게 교역이 허용된 중국의 광저우에 도착

했다. 사절단은 그곳의 상인 조직인 공행(公行)과 성공적으로 상거래를 트고, 1785년 차, 비단, 다기 세트, 화약을 싣고 뉴욕으로 귀항하였다. 이것이 신생 미국과 중국의 첫 공식 무역이었다. 이 통상 사절단의 상무를 맡았던 쇼(Samuel Shaw)는 중국과의 성공적인 통상의 공을 인정받아 광둥의 영사로 위촉되어 1786년 그곳으로 부임했다. 그가 중국에 파견된 미국의 첫 외교 사절이었다.[57]

영국 동인도회사는 중국에 대해서는 인도산 아편을 공급했다. 아편 중독이 퍼지고 은이 영국으로 빠져나가자 청조는 아편의 판매와 사용을 금지했다. 1839년 임칙서(林則徐)는 황제의 명을 받아 광저우로 내려가 아편을 몰수하여 바다에 폐기하였다. 아편전쟁의 시작이었다. 당시에는 신기술이었던 증기기관 함선까지 동원한 영국은 4천 명의 병력으로 샤먼, 닝보, 상하이를 점령하고 난징까지 이르자 청조는 굴복하고 말았다. 1842년 홍콩 할양, 최혜국대우, 추가 개항 등을 담은 난징조약을 맺었다. 청조의 무력함이 천하에 드러났고 '백년의 치욕'이 시작되었다. 서구 열강들은 앞다투어 중국 분할에 나섰다. 미국도 예외는 아니었다. 청조는 이이제이(以夷制夷)가 유리하다고 판단하여 미국에도 난징조약에 준하는 특혜를 주기로 했다. 미국은 여기에 '치외법권'까지 추가하여 1844년 중국과 왕샤조약(望廈條約)을 체결하였다.[58] 공식적인 미중관계의 시작이었다.

청조 말 1899년과 1900년에 미국은 서구 열강과 일본의 중국 분할에 대응해서 '문호개방정책'을 선언했다. 이 선언에서 미국은 중국의 영토와 행정의 보전, 즉 중국의 주권과 독립의 보존이 미국의 기본정책이며, 중국 내 모든 지역에서 평등하고 차별없는 무역을 보장해야 한다는 문호개방의 원칙을 주창했다. 당시 국무장관 헤이는 이 문호개방 원칙을 영국, 독일, 프랑스, 이탈리아, 일본과 러시아에 전달하고 이행을 촉구하였다.

미국과 중화민국

19세기 후반 청조는 내우외환을 버티지 못하고 결국 1911년 신해혁명으로 무너졌다. 중국에는 국민당의 중화민국이 수립되었다. 미국은 1928년에 국민당 정부를 다른 어떤 나라보다도 먼저 중국의 합법적 정부로 승인하였다. 이후 일본이 1931년 만주사변을 일으켜 만주국 수립으로 나아가자 미국의 국무장관 스팀슨(Henry Stimson)은 1932년 '스팀슨 독트린'(Stimson Doctrine)을 발표하였다. 여기서 미국은 무력에 의한 어떠한 영토적 변경도 인정하지 않는다는 점을 분명히 하여 일본의 만주지역에 대한 영토적 팽창에 경고를 보냈다. 1937년 일본이 2차 중일전쟁을 일으키자 미국의 루즈벨트 행정부는 1938년 중국의 국민당 정부에 2,500만 달러의 대여를 제공하여 전쟁 물자 구입을 지원하였고 1940년에는 1억 달러로 증액하였다. 1941년 5월에는 국민당 정부에 대한 무기대여 프로그램을 연장하였다.

일본이 중국과 동남아시아 국가들로 침략을 확대해 나가자 미국은 1941년 여름 일본에 대한 금수조치를 단행하였다. 에너지와 연료의 대부분을 미국으로부터의 수입에 의존하고 있던 일본에 금수조치는 경제적, 군사적으로 심각한 위협이었다. 결국 1941년 12월 일본이 하와이의 진주만을 기습공격하였고 미국은 1942년부터 국민당의 중국과 전시동맹(wartime alliance)에 들어갔다. 1945년 일본이 항복하자 트루먼 행정부는 국민당과 공산당 간에 중재를 시도하였으나 실패하였고, 중국은 1946년부터 전면적인 내전에 들어갔다. 내전 중인 1948년에 트루먼 행정부는 국민당 정부에 대한 지원법안을 한 차례 통과시켰다. 1949년 10월 1일 공산당의 승리로 북경에는 중화인민공화국이 수립되고 국민당의 중화민국은 타이완으로 옮겨갔다.

중국 내에서 국민당의 중화민국과 공산당이 때로는 합작하고 때로는 대립하는 과정에서 미국이 처음부터 반공주의 이념에 입각해서 국민당의 중화민국을 당연히 지원한 것은 아니었다. 1930-40년 시기에 볼세비키혁명 이후 이미 소련이 수립되어 있었지만 미국의 대외정책이 반공산주의에 의해 주도된 것은 아니었다. 오히려 트루먼 행정부는 1944년 여름 '딕시 사절단'(Dixie

Mission)을 옌안으로 보내 공산당의 항일전쟁을 지원하는 방안을 검토하였으나 장제스(蔣介石)의 반대로 실현되지 않았다.[59] 반면, 국민당 정부에 대해서 만연한 부정부패와 무능으로 인해 트루먼 행정부 내에서도 매우 부정적인 시각이 존재했었다. 내전이 끝나 갈 무렵 트루먼 행정부의 국무장관 애치슨(Dean Acheson)은 공산당의 승리를 인정하고 중국 공산당 정부와 관계 수립을 모색하자는 입장을 제시하였다. 그러나 '공산당에 중국을 잃었다'는 공화당 정치인들을 비롯한 국내의 비판에 애치슨의 입장은 진전을 보지 못하였으나 가능성의 문은 열어 두었다. 그러나 한국전쟁의 발발과 중국의 참전으로 그 문은 완전히 닫히고 말았다.[60]

미국이 국민당의 중화민국을 지원한 것은 일본의 팽창을 견제하고 대일전쟁을 수행하기 위한 지정학적 이해관계에 따른 전략이었다. 스팀슨 독트린이 분명히 밝히고 있듯이 중국과 동남아시아로 영토적 팽창을 감행하던 일본에 대한 견제와 대응의 전략에 입각한 정책이었다. 미국은 1898년 스페인과의 전쟁 이후 필리핀과 괌을 영유하고 있었고, 필리핀에는 미군이 주둔하고 있었다. 실제 일본은 진주만 기습 공격과 거의 동시에 필리핀, 홍콩, 말라야, 싱가포르를 침공하여 전쟁 초기에 동남아시아와 태평양을 장악했다. 일본은 하와이의 태평양사령부를 기습 공격하여 치명적인 손상을 가함으로써 일본이 동남아시아로 팽창해 나가는 데 있어 미해군의 대응을 상당 기간 지연시키거나 무력화시킬 수 있을 것으로 판단하였다.

미국과 중화인민공화국

1950년 1월 애치슨 국무장관은 타이완과 아시아 대륙을 제외한 태평양 방어선을 발표하였다. 코헨은 이 선언이 마오쩌둥 (毛澤東)에게 보낸 '시그널'이었다고 본다. 트루만 행정부는 마오의 중국이 1950년 여름에 타이완을 공격해도 개입하지 않을 것이고, 타이완의 국민당 정부가 없어진다면 미국 국내의 반대 여론에도 불구하고 미국은 중화인민공화국을 승인하지 않을 수 없을 것으로 보았다는 것이다. 그러나 결국 마오쩌둥이 1951년으로 타이완 공격을 연기함으로써 애치슨의 '시그널'은 전달되지 않았다는 것이다.[61]

애치슨의 '시그널'은 엉뚱하게도 북한의 김일성에게 잘못 전달되었다. 미국의 개입이 없을 것으로 판단하고 1950년 6월 남침하면서 한국전쟁이 발발했다. 여기에 중국이 참전함으로써 트루먼과 애치슨이 붙들고 있었던 중국과의 관계수립 가능성은 사라지고 말았다. 미중관계는 적대관계로 급변하였다. 마오쩌둥은 한국과 UN군이 38선 이북으로 북진해 들어오자 참전을 결정하였다. 중국군은 10월 압록강을 넘었고, 11월 장진호 전투에서 미군과 대규모의 전투를 벌였다. 한국전쟁 이후 미중관계는 냉전의 구조하에서 미국의 봉쇄정책에 편입되었다. 중국은 미국에 의해서 국제정치와 세계경제로부터 차단되었고, 대약진운동, 문화혁명 등 마오쩌둥의 주도하에 혁명적 사회변혁에 주력하였다.

1960년대 말 미소 간 냉전의 절정, 베트남 전쟁의 확전, 중소분쟁의 악화 등의 국제정치 상황에서 미국과 중국은 비밀리에 화해를 모색하기 시작했다. 핑퐁외교를 계기로 1972년 닉슨(Richard Nixon) 대통령이 중국을 방문하고 양국은 '상하이공동성명'(Shanghai Communique)을 발표하였다. 여기서 양국은 관계정상화, 하나의 중국, 타이완 문제의 평화적 해결, 타이완 주둔 미군 철수, 무역 재개와 확대 등에 합의하였다. 실제 관계정상화는 1979년 1월부터 시작되었고, 뒤이어 덩샤오핑이 미국을 방문함으로써 미중관계는 '봉쇄'에서 '포용'(engagement)으로 전환하게 된다.

미중 간 화해의 모색과 관계정상화는 냉전의 국제체계에 구조적 변화를 가져왔고 이후 냉전 종식의 전기가 되었다. 덩샤오핑의 중국은 1978년 개혁개방을 통한 경제발전을 국가전략으로 채택한 이후 세계경제에 적극 편입함으로써 오늘날 경제적 성공의 발판을 마련하였다. 특히 2001년 WTO 회원국으로 가입한 이후 중국은 무역과 투자에서 급속한 성장을 기록하여 2010년 일본의 GDP를 추월하여 세계 2위의 경제대국으로 부상했다.

'포용'의 미중관계 시기 동안 중국은 '도광양회', '평화부상', '책임대국', '중국의 꿈' 등 국가 정체성이 진화되어 왔고 국가발전의 목표 또한 확장되어 왔다. 덩샤오핑은 개혁개방의 대외전략 지침으로서 미국 등 강대국과 마찰을 피하고 힘을 키워 때를 기다린다는 '도광양회'를 제시하였다. 후진타오(胡錦濤) 체제하에서 중국은 '평화적 부상'을 추구하여 '책임대국'으로 나아간다는 보다 적극적이고 주도적인 국가정체성을 실현하고자 하였다. 시진핑의 중국은 '중화민족의 위대한 부흥'이라는 '중국의 꿈'을 실현하고 '일대일로' 건설을 통해 중국 중심의 국제질서를 구축하려는 공세적 대외전략을 펼쳐 나갔다.

　'포용'의 미중관계 시기 동안 미국의 입장에서 중국은 '책임 있는 이익공유국' 혹은 '현상유지 국가'로 인식되었다. 닉슨-키신저 이니셔티브에 따른 '포용'의 양국관계가 기본적으로 유지되어 왔다. 그러나 2017년 시진핑체제 2기가 시작되고 미국에서는 트럼프 행정부가 들어서면서 포용의 미중관계는 중대한 전환을 맞게 된다.

　요약하면, 미국은 국민당의 중화민국을 1928년 중국의 합법적 정부로 승인한 이후 일본의 팽창을 막고 대일전쟁을 수행하기 위한 전략적 차원에서 중화민국에 대여를 제공하고 전쟁물자 구입을 지원하였다. 트루만 행정부는 한때 국공내전 중에 공산당 정부와의 관계 수립을 검토하고 이를 타진하기도 했다. 중국이 한국전쟁에 참전함으로써 미중관계는 적대관계로 시작되었다. 이후 미중관계는 미국의 냉전전략에 편입되어 '봉쇄'의 관계가 되었다. 1972년 '상하이공동성명'으로 미중관계는 '봉쇄'에서 '포용'의 관계로 전환되었다. '포용'의 미중관계는 2017년 트럼프 행정부와 시진핑체제 2기가 출범하면서 종료되기 시작했고, 전략적 '경쟁'의 관계로 전환되었다. 이 책은 이 전략적 경쟁의 원인과 양상을 밝히고 미래의 미중관계와 세계질서를 전망하는 것을 목적으로 한다.

중국의 부상

덩샤오핑은 중국의 길을 완전히 바꿨다. 마오쩌둥의 혁명노선을 개혁노선으로 전환시킨 것이다. 덩샤오핑은 1978년 12월 중국공산당 중앙위원회에서 개혁개방을 통한 경제발전을 새로운 중국의 길로 통과시켰다. 10년간의 문화혁명으로 경제는 파탄나고 정치는 혼란에 빠져 있던 상황에서 덩샤오핑의 개혁개방 노선은 당 안팎에서 광범한 지지를 받았다. 그 결과 덩샤오핑과 개혁 지도부는 당의 리더십을 장악하게 되고 중국을 개혁개방을 통한 경제발전의 길로 이끌어 나갔다. 개혁개방으로 중국은 부국강병을 이루었고, 중국의 부상으로 인해 미중관계가 세계질서의 결정적인 요인으로 떠올랐다. 여기서는 개혁개방을 통한 중국의 부상을 확인하고 이와 관련된 몇 가지 쟁점들을 검토한다.

개혁개방의 전개

개혁개방은 농촌의 농업개혁에서 시작되었다. 대약진운동 당시에 조직되었던 인민공사를 해체하고 농가생산책임제를 도입하여 생산책임 이상의 잉여 농산물에 대한 사적 처분을 허용한 것이 핵심이었다. 이러한 개혁조치는 기대 이상의 증산효과를 가져왔고 농촌에서는 잉여 농산물을 교환하는 시장이 생겨나고 이들을 가공하는 향진기업들이 설립되었다.

농업개혁이 가시적인 성과를 보이자 개혁은 도시경제 부문으로 확장되어 갔다. 도시경제 개혁의 핵심은 국유기업 외에 사유기업, 외자기업, 합작기업 등 다양한 소유 형태의 기업을 허용하는 것이었다. 이러한 개혁조치를 통해 개인과 외국인의 투자를 유치하여 제조업 생산을 증대시키고자 하였다. 2007년「물권법」을 제정하여 다양한 소유 형태의 기업들을 법제화하였다. 도시경제 개혁은 계획경제 영역을 점진적으로 축소하고 시장경제 영역을 점진적으로 확대해 나가는 과정이 개혁의 주요한 방향이었다.

더불어 대외개방 또한 적극적으로 추진하였다. 1980년부터 선전, 주하이, 산터우, 샤먼 등 남부 연해 지역에 경제특구를 조성하고 해외투자를 적극 유치하여 고용, 생산, 수출의 전진기지로 발전시켜 나갔다. 경제특구 외에도 주요 도시들을 경제기술개발구, 자유무역시범구 등으로 지정하여 선진 기술과 선진 관리경영을 도입하고 무역, 투자, 금융 등 분야에서 제도혁신을 주도하도록 하였다. 2001년 WTO 정식 회원국으로 가입함으로써 중국의 세계경제에 대한 편입은 완성되었다. 이후 중국의 무역량과 해외직접투자 유입은 폭발적으로 늘어났다. 그 결과 중국은 3조 달러가 넘는 세계 최대 규모의 외환보유고를 유지하고 있다.

2008년 세계금융위기 이후 세계경제가 위축되면서 중국은 해외시장에 의존해 오던 수출주도 성장의 한계를 체감하기 시작했다. 또한 오바마(Barack Obama) 행정부의 재균형 전략과 트럼프 행정부의 인도·태평양 전략이 본격 추진되고 지정학적 리스크가 확대되면서 중국은 수출주도 성장과 더불어 내수주도와 중국중심 경제질서의 구축에 나서기 시작했다. 2013년부터 드러나기 시작한 '일대일로', 2025년까지 10대 첨단산업을 독자적으로 육성하기 위한 '중국제조 2025', '국제순환'과 더불어 내수시장, 산업고도화, 자체 공급망 구축, 기술혁신 등의 '국내순환'을 강화하여 독자적인 발전 역량을 확보한다는 '쌍순환' 전략 등이 이러한 차원에서 추진되었다.

개혁개방의 성과: 부국강병

지난 50여 년간의 개혁개방은 전례 없는 대성공이었다. 중국을 부국강병의 국가로 탈바꿈시켰다. IMF의 데이터를 분석하면 중국은 1980년부터 2024년까지 연평균 약 9%의 실질 GDP 성장률을 기록했다. 이 기간 동안 중국의 GDP는 3,000억 달러 규모에서 약 18조 달러로 늘어났고, 이는 중국의 경제규모가 개혁 개방 초기에 비해서 약 60배 정도 커진 것이다. 중국의 GDP는 2010년 일본을 따라잡았고, 세계 2위의 경제대국으로 부상했다. 2024년 기준 미국 GDP의 63% 정도까지 따라왔다(〈그림 2〉 참조).

증대하는 중국의 경제력은 군사력을 더 빠른 속도로 증강시켰다. 세계은행 데이터에 탑재된 스톡홀름국제평화연구소(SI-PRI)의 군비지출 데이터를 분석하면 중국은 군비지출 데이터가

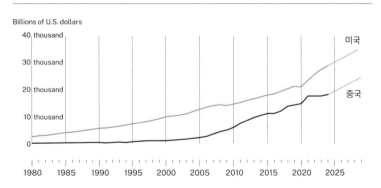

TREND (1980-2029)

그림 2 미국-중국 GDP 추이 (10억 달러)
자료: IMF. World Economic Outlook (October 2024), https://www.imf.org/external/datamapper/NGDPD@WEO/CHN/USA

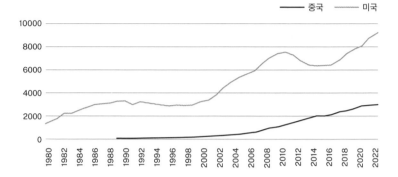

그림 3 미국-중국 군비지출 추이 (억 달러)
자료: SIPRI(2024); SIPRI(2023)

공개된 1989년 이후부터 2023년까지 연평균 10.6%의 군비를 증액시켜 왔다. 2023년 기준 중국의 군비지출은 약 3,000억 달러로 세계 2위를 기록하고 있다. 그러나 미국의 약 9,000억 달러에 비교하면 미국의 3분의 1 정도 수준으로 아직도 상당한 격차를 보이고 있다(〈그림 3〉 참조).

중국의 부상은 중국 국가이익의 세계화를 가져왔다. '메이드인 차이나'의 전 세계로의 수출, 에너지와 원자재의 전 세계로부터의 수입, 일대일로의 확산에 따른 장비와 기자재의 수출 등에 따른 결과이다. 중국의 장원무(張文木) 교수는 '중국의 이익이 가는 곳은 어디든 중국의 안보영역'이라고 했다.[62] 중국은 이러한 전 세계로 확장된 국가이익을 보호하고 또한 남중국해, 동중국해, 인도·태평양 해역에서 미국 해군력의 우위에 대응하기 위해서 특히 해군력의 증강에 주력하고 있다. 중국 해군은 지난 20년 간 양적인 면에서 세 배로 증강되었다.[63] 해군 함대의 양적인 면에서는 2014년 이미 미국을 앞질렀다. 중국은 세계 최고의 선박 건조 능력을 보유하고 있다. 또한 중국은 전 세계로 확장된 국가이익을 보호하기 위해 해군의 기능을 '근해방어'에서 '외해보호'로 확장했다. 이를 위해 항모전단의 건조에도 박차를 가하고 있다. 중국은 현재 가장 최근의 푸젠 항모를 포함해서, 랴오닝, 산둥 등 3척의 항모전단을 운용하고 있다. 네 번째로 핵추진 항모가 다롄에서 건조 중인 것으로 알려지고 있다. 그러나 현재 11척의 항모전단을 운용하고 있는 미국에 비해 질적인 면에서 해군력의 격차는 여전히 상당한 것으로 평가되고 있다.

미중 경제력 비교의 문제

중국의 부상과 관련하여 그동안 제기된 몇 가지 쟁점들에 대해 검토할 필요가 있다. 먼저 첫째, 미중 간 경제력의 비교와 관련한 문제이다. 중국의 경제력은 2024년 기준으로 미국 GDP의 63%까지 따라왔고, 미국보다 더 빠른 속도로 성장하고 있기 때문에 가까운 미래에 미국의 GDP를 따라잡을 것이라는 분석이 지금까지의 일반적인 예상이다. 다시 말하자면 가까운 미래에 중국의 경제력이 미국의 경제력을 추월할 것이라는 전망이다. 중국의 경제력이 미국을 따라잡을 것인가, 따라잡는다면 미래 어느 시점일 것인가 하는 문제는 다음 장에서 보다 정밀하게 검토한다. 여기서는 다만 경제력을 비교할 경우에도 군사력과 마찬가지로 양적인 면과 질적인 면을 모두 고려해야 한다는 점을 강조하고자 한다.

다수의 전문기관들이 예측하듯이 중국의 GDP가 2030년대 후반 미국의 GDP와 같아진다고 가정하자. 그때 같은 양의 국내총생산을 중국은 약 13억 5천만의 인구가 생산하는 것이고 미국은 3억 5천만 인구가 생산하는 것이기 때문에 중국의 1인당 생산량은 미국의 4분 1을 조금 넘는 수준에 불과하다.[64] 생산성에 있어서는 여전히 상당한 격차가 있는 것이다. 또한 총생산량의 처분에 있어서도 차이가 있을 수밖에 없다. 중국의 경우 총생산량의 상당 부분을 13억 이상의 의식주와 관련된 부문에 사용할 수밖에 없을 것이다. 반면 미국의 경우에는 3억 5천만 인구의 의식주 관련에 사용하고도 교육, 연구개발, 과학기술, 군사기술, 군비지출 등에 사용할 수 있는 상당한 여유가 있을 것이다. 경제력의 질적인 면에서는 생산성과 생산의 처분에 있어 상당한 격차와 차이가 여전히 있다는 점을 고려해야 한다.

중진국 함정 논쟁

두 번째 쟁점은 중국이 '중진국 함정'을 벗어날 수 있을까 하는 문제이다. 중진국 함정이란 어떤 국가가 성장단계에서 고소득 국가로 진입하지 못하고 장기간 중진국 단계에 머물러 있는 상태를 의미한다. 세계은행은 2024년 7월 기준으로 1인당 GNI가 14,006달러 이상인 국가를 고소득 국가로 분류하고 있다.[65] 중국은 2003년 1인당 GNI가 1,280달러로 하위 중진국 단계에 들어선 이후 2011년에 5,040달러로 상위 중진국에 진입하였고, 이후 2023년에 1인당 GNI가 13,400달러로 지난 20년간 중진국 단계에 머물러 있다.[66]

산업화의 초기 단계에서는 생산요소의 투입량을 증대시켜 산출량을 증가시키는 방식으로 경제가 성장한다. 그러나 토지, 자본, 노동을 무한정 증대시킬 수는 없기 때문에 '투입증대에 의한 성장'에는 한계가 있을 수밖에 없다. 중진국의 함정이 발생하는 이유가 바로 여기에 있다. 중진국의 함정을 넘어 고소득 국가로 진입하기 위해서는 생산 과정 자체에 질적인 고도화가 일어나야 한다. 동일한 투입량에도 산출량이 증가하는 방식의 성장, 즉 '효율성에 의한 성장'으로 전환해야 하는 것이다. 이를 위해서는 과학기술, 연구개발, 관리경영에서의 혁신이 따라야 할 뿐만 아니라 교육을 통한 우수인재 양성, 안정된 정치환경, 창의와 도전, 기업가 정신이 존중되는 사회문화에 이르기까지 사회 전반의 혁신이 진작되어야 한다. 중국의 권위주의적인 당국가 체제하에서 이러한 사회 전반의 혁신이 진작될 수 있을 것인가에 대한 우려가 중진국의 함정에 대한 논쟁을 불러일으킨 것이다.

중국의 당정 지도부도 이미 중진국의 함정에 대한 우려를 인식하고 이를 넘어서기 위한 정책을 추진하고 있다. 2016년 3월 전국인민대표대회에서 리커창(李克强) 총리는 중진국 함정에 빠지지 않도록 주의할 것을 촉구했다. 2015년부터 10년간 첨단산업 10개 분야를 집중 육성해서 독자적인 성장의 발판을 마련한다는 '중국제조 2025'도 결국 중진국의 함정을 넘기 위한 정책으로 수립되었고 추진되었다.

최근 중국경제의 성장률 둔화, 생산성 하락, 높은 부채비율, 노동인구의 감소와 고령사회 진입, 권위주의적 통제, 미중 간 전략경쟁 등의 요인으로 인해 중국의 부상은 끝났다거나 중국은 이제 쇠퇴의 길로 접어들었다는 주장들이 확산되고 있다. 소위 '피크 차이나' 주장이 대표적이다. 그러나 IMF World Economic Outlook(October 2024)에 따르면 중국경제의 성장은 2024년부터 4%대로, 2027년부터 3%대로 성장률이 둔화될 것으로 예측되지만 중국은 2026년 1인당 GNI가 14,790달러로 고소득 국가로 진입할 것으로 예측된다.[67] 2003년에 하위 중진국에 진입한 이후 23년 만에 고소득 국가로 진입하는 것이다. 한국이 중진국에서 고소득 국가로 진입하는 데 26년이 걸렸고, 일본이 19년이 걸렸다는 것을 고려하면 중국이 중진국에 오래 머물러 있는 것은 아니다.

성공의 딜레마

개혁개방의 성공, 바로 그 성공이 중국공산당에 정치적 딜레마를 야기하고 있다. 덩샤오핑은 개혁개방을 시작할 때부터 '공산당의 영도'하에 '사회주의의 길'로 나아간다는 개혁개방의 큰 원칙을 제시하였고, 1990년대 들어 '사회주의 시장경제'의 수립으로 개혁개방의 목표를 설정하였다. 사회주의 시장경제란 아래 그림에서 보듯이 국유를 근간으로 하는 소유제도와 시장에 의한 경제운용의 결합을 의미한다. 개혁개방을 통해 계획경제를 점진적으로 시장경제로 대체함으로써 마오 시기의 국가사회주의를 시장사회주의로 전환해 가는 것을 목표로 설정한 것이다. '사유화'가 아니라 '시장화'가 개혁의 주요 방향이었다.

그러나 실제 추진된 개혁개방은 시장화뿐만 아니라 사유화 또한 점진적으로 확대해 가는 과정이었다. 국유기업의 개혁 과정을 보면 시장화 개혁만으로는 개혁의 성과가 제한적일 수밖에 없었고 결국 사유화로의 개혁을 수용하지 않을 수 없었다. 개혁

		소유제		
		국유	사유	
경제운용	계획	국가사회주의	국가자본주의	→ 사유화
	시장	시장사회주의	시장자본주의	

↓ 시장화

그림 4 소유제와 경제운용에 따른 정치경제체제
출처: Lee(2022, 454)

개방 이후 중국공산당은 그 통치의 정당성을 점차 경제적 성과에 의존하게 되었고, 이를 위해서는 정치적, 이념적 모순에도 불구하고 사유화와 자본주의로의 개혁을 수용하지 않을 수 없었던 것이다. 구소련을 비롯해서 동유럽 공산국가들이 공산당의 실패와 국민들의 박탈감으로 붕괴해 가던 시기에 중국공산당은 경제적 성과를 보이기 시작했고 계속 집권을 위해서는 이념적 자기모순에도 불구하고 사유화와 자본주의로의 개혁을 수용해 나가지 않을 수 없었던 것이다. 중국공산당이 직면하고 있는 '성공의 딜레마'는 바로 여기에서 비롯된다.

개혁개방의 초기였던 1995년에는 국유기업과 공유기업이 GDP의 74%, 총고용의 84%를 담당했다. 그러나 코로나 팬데믹 직전인 2019년을 기준으로 주식회사, 사유기업, 외자기업 등이 GDP의 67%, 총고용의 87%를 차지하고 있고 그 나머지를 국유와 공유 기업이 담당하고 있다.[68] 지난 25년간 생산과 고용에서 국유기업과 사유기업의 역할이 완전히 역전된 것이다. 이런데도 중국은 사회주의 공산국가인가? 아니라면 중국공산당은 국가를 독점할 수 있는 정당한 명분이 없다. 중국공산당은 여전히 사회주의와 공산주의를 정강정책의 이념으로 삼고 있는 정당인가? 아니라면 중국공산당은 예를 들면 중국인민당으로 당명을 바꿔야 할 것이다. 중국은 사실 사회주의 공산국가이기보다는 국가주도의 개발권위주의 국가의 한 유형으로 진화해 왔다고 보는 것이 실제에 더 부합한다.

최근 시진핑 체제하에서 중국은 중국공산당의 역할을 강화하고 국유기업의 비중을 다시 높이는 등 이념적 정당성으로 회귀하는 경향을 보이고 있다. 지금까지의 개혁경로를 역행한다는 비판이 제기되기도 한다. 그 결과 생산성이 낮아지고 성장률이 둔화되면서 중국경제가 전반적인 침체 국면으로 진입하고 있다. 이러한 결과는 중국공산당이 안고 있는 '성공의 딜레마'를 결국 입증하고 있는 셈이다.

중국은 미국을
따라잡을 것인가?

중국이 미국을 따라잡을 것인가 하는 문제는 미중 간 힘의 관계가 어떻게 설정될 것인가 하는 문제이다. 미중 간 세력관계는 미중관계의 구조적 요인으로 작동한다. 구조적 요인은 국제체계에서 세력의 상대적 분포를 변경시키는 광의의 세력정치(power politics)와 관련되는 요인들을 포괄한다. 군사력을 증강시키거나 동맹체제의 구축을 통해 세력균형이나 세력우위 혹은 세력전이를 실현하고자 하는 세력정치 전반을 포함한다. 월츠를 비롯한 신현실주의자들은 세력의 상대적 분포의 변화와 같은 구조적 요인들이야말로 국제정치의 핵심 변수라는 점을 강조한다.[69] 세력정치의 결과는 장기간에 걸쳐 나타나기 때문에 미중관계에 있어 구조적 요인으로서 세력관계는 장기적이고 지속적인 영향력을 미친다.

여기서는 2050년까지 미중 간 세력전이는 실현될 것인가, 그래서 미국과 중국은 투키디데스 함정에 빠질 것인가 하는 문제를 검토한다. 이를 위해 중국의 경제력과 군사력의 미래 추이를 분석한다. 이에 기반해서 미래 미중 간 힘의 관계가 어떻게 전개될 것인가에 대한 두 가지 시나리오를 도출한다. 마지막으로 시나리오에 따른 미중관계의 미래를 전망한다.

미중 간 세력변동

중국의 빠른 부상과 미국의 느린 성장은 국제체계의 구조적 변화를 야기해 왔다. 이는 미국의 쇠퇴가 아니라 중국의 빠른 부상이 그 주원인이었다. 앞 장의 〈그림 2〉 미국-중국 GDP 추이에서 보듯이 중국은 개혁개방을 막 시작한 1980년 이후 연평균 9.0%의 실질성장을 기록했다. 반면 같은 기간 미국은 중국의 3분의 1에 못 미치는 연평균 2.6%의 실질성장을 보였다.[70] 다른 한편, 아래 〈그림 5〉에서 보듯이 미국은 1980년 세계 GDP의 25%를 차지했고, 2020년에도 여전히 세계 GDP의 25% 정도를 차지하고 있다. 이는 미국이 지난 40년간 세계 평균 정도의 성장을 이뤄왔다는 것을 의미한다. 또한 미국의 상대적 경제력은 지난 40년간 동일한 수준을 유지하고 있다는 의미이다. 반면, 중국

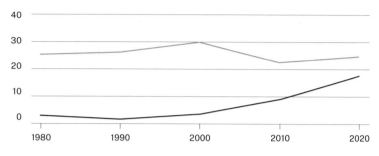

그림 5 미국-중국 세계 GDP 비율

자료: IMF. World Economic Outlook (October 2024); 세계, 미국, 중국의 명목 GDP로 산출, https://www.imf.org/external/datamapper/NGDPD@WEO/CHN/USA/WEOWORLD

은 1980년 세계 GDP의 3% 정도에서 2020년 세계 GDP의 17%까지 상승했다. 중국의 상대적 경제력이 지난 40년간 크게 상승했다는 것을 의미한다. 앞 장에서 보았듯이 군비지출로 볼 때 중국은 군사력을 경제력보다 더 빠른 속도로 증강시켜 왔다. 요컨대 국제체계의 구조적 변화는 중국의 부상이 주요 원인이었다.

중국의 부상으로 인해서 미중 간에는 세력전이(power transition)가 실현될 것인가, 실현된다면 그 시기는 언제가 될 것인가 하는 문제는 미중관계의 미래를 예측하고 국제정치의 미래를 전망하는 데 있어 매우 중요한 쟁점 사안이다. 세력전이로 인한 미중 간 군사적 충돌 혹은 전쟁이 일어날 것인가 하는 점이 핵심 쟁점이다. 세력전이 이론에 따르면 세력전이가 진행되면 국제체계는 불안정하게 되고 부상하는 국가가 기존 국제질서에 불만족하여 현상변경을 추진하게 되면 결국 전쟁으로 치닫게 된다는 것이다.

미중관계는 세력전이가 실현되어 군사적 갈등 혹은 전쟁으로 나아갈 것인가? 오르간스키는 놀랍게도 중국이 개혁개방을 통한 경제성장의 길로 나서기 훨씬 이전에 이미 중국을 미래 미국 주도 국제질서에 대한 잠재적 도전국가로 상정하고 있다.[71] 이는 오르간스키가 인구를 국력의 한 요인으로 포함시켰기 때문에 이미 그 당시에 중국을 미래 잠재적 도전국가로 예상했을 것이다. 미중관계의 미래에 관한 많은 연구들은 중국이 미국을 따라잡을 것이라는 전망에 기반하여 미국의 중국전략을 제시한다. 중국의 부상을 견제, 억제, 봉쇄하는 전략을 제시하거나, 동맹과 파트너십의 구축을 통해서 미국의 패권적 지위를 연장하거나, 중국을 만족국가 그룹으로 적극 유도하여 평화적 세력전이가 실현되도록 하는 등의 대중국전략을 제시한다.[72]

중국 경제력의 미국 추월 시나리오

지금까지의 통설은 중국이 조만간, 즉 2020년대 후반 혹은 2030년대 전반에 경제력에서 미국을 추월한다는 것이었다. 중국 전문가, 국제기구, 전문기관 등이 이러한 통설을 주도해 왔다. 이들 대부분은 중국이 적어도 5% 이상의 경제성장을 지속해서 2030년대 전반까지는 미국을 따라잡을 것으로 예상했다. 미국 로위연구소(Lowy Institute)의 라자(Roland Rajah)와 렝(Alyssa Leng)은 중국 경제성장 전망에 대한 연구결과들을 아래와 같이 표로 정리했다.[73] 다수의 연구들이 2030년까지 5% 이상의 성장을 그리고 2050년까지 4% 정도의 성장을 예상하고 있다.

대부분의 통설처럼 중국의 경제력은 미국을 따라잡을 것인가? 이와 더불어 미중 간 세력전이가 실현될 것으로 단정할 수 있는가? 이에 대한 답을 찾기 위해서는 미국과 중국의 미래 국력 추이를 예측하고 비교해 봐야 한다. 국력은 다양한 방식으로 측정될 수 있다. 그러나 국력의 가장 보편적 구성요인은 경제력과 군사력이다. 일반적으로 군사력은 경제력에 비례한다. 따라서 미중 간 경제력의 미래 추이를 검토하는 것이 관건이다. 경제력의 미래 추이는 미중 간 명목 GDP의 미래 추이로 검토하기로 한다. 미중 간 경제력의 상대적 크기를 비교하여 국제체계에서 힘의 상대적 우열을 판단해야 하기 때문에 실질 GDP가 아니라 명목 GDP가 적절한 지표가 될 것이다.

그동안 국제정치나 세계경제와 관련되는 여러 전문기관들이 많은 미래 전망들을 내놓았다. 중국의 GDP가 미국을 추월할 것인가, 추월한다면 그 시기는 언제가 될 것인가 하는 점은 국제정치뿐만 아니라 세계경제에도 결정적인 영향을 미칠 것이기 때문

표 2 중국 경제성장률 예상

	2020-2030	2020-2050	참고
Lin 2017	9.0%	7.8%	동아시아 성장 재현
Lardy 2019	7.0%		개혁 전제로 잠재적 성장 > 6-7%
Wang 2020	6.6%	5.1%	중간 수준 추정
World Bank 2020	6.0%		
Bailiu et al. 2016	5.5%		
Cai & Lu 2016	5.3%	4.2%	
Bai & Zhang 2017	5.2%	4.0%	
Sasaki et al. 2021	5.2%		
International Energy Agency 2021	5.2%	3.6%	
World Bank 2019	5.1%	3.4%	중간 수준 추정
Bloomberg 2021	5.0%	3.7%	중간 수준 추정
Lee 2016	5.0%	3.5%	10년간 5-6%, 장기 3-4%
Roberts & Russell 2019	4.5%		2030년까지 평균 > 4%
Zhu et al. 2019	4.5%		2030년까지 평균 > 4%
PwC 2017	4.2%	3.0%	각각 2016-2030, 2016-2050
Rajah & Leng (Lowy Institue) 2022	4.2%	2.5%	
Orsmond 2019	4.0%		2030년까지 3.5%로 하락
Higgins 2020	3.8%		중간 수준 추정
Barro 2016	3.5%	3.5%	향후 3-4%로 하락, 수십년 지속
Pritchett & Summers 2014	3.0%	3.0%	평균 2-4%

출처: Rajah and Leng(2022, 39-40); 필자가 수정, 업데이트

이다. 주요 전문기관들의 추월 시점 예측을 살펴보자. Goldman Sachs는 2011년 보고서에서 2026년 미국을 추월할 것이라고 예상하였으나 2022년 보고서에서는 2035년으로 수정하여 발표하였다.[74] OECD는 2021년 보고서에서 2030년으로 예상하였다.[75] 런던에서 경제 예측과 분석을 전문으로 하는 Center for Economics and Business Research(CEBR)는 2022년 12월 보고서에서 추월 시점을 기존의 2028년에서 2036년으로 연기하여 발표하였다.[76] 특이한 점은 중국이 2036년에 미국의 GDP를 추월하지만 중국의 노동인구 급감으로 인해 그 격차가 크지 않고 2058년에 미국에 다시 추월당한다는 전망을 내놓고 있다.

일본경제연구센터(JCER)는 2022년 보고서에서 중국의 제로 코비드 정책, 미국의 수출통제, 장기적으로 노동인구의 감소 등이 중국경제의 발목을 잡을 것으로 전망하고 있다. 그 결과 중국의 GDP가 2033년 미국의 GDP를 추월할 것이라는 전년도 발표를 수정하여 2035년까지도 추월하지 못할 것으로 예측하고 있다.[77] 반면, 중국 인민대학 중앙금융연구원이 참여한 국제공동연구 보고서는 2024년 3월 발표에서 중국이 향후 몇 년간 5% 성장률을 지속하고 이후 2035년까지 적어도 4% 정도의 성장률을 유지한다면 2035년에 미국을 따라잡고 세계 최대 경제로 부상할 것으로 전망하고 있다.[78] 그러나 IMF는 2024년 10월의 "World Economic Outlook"에서 2029년 중국의 실질 GDP 성장률을

3.3%로 예측하고 있다.[79] 중앙금융연구원 등의 국제공동연구가 전제하고 있는 4~5% 성장률에 못 미치는 전망이다.

다른 한편, Bloomberg는 2023년 보고에서 2030년대 초반 추월할 것이라는 기존의 전망을 수정하여 2040년대 중반으로 연기하였다. 그럴 경우에도 미국과의 격차는 크지 않고 다시 역전당할 것으로 전망하고 있다.[80] 미국의 로위연구소(Lowy Institute)는 2022년 연구에서 2050년까지 중국의 장기 성장률을 2.5% 정도로 추정한다. 이럴 경우 미국의 인플레이션을 반영하여 중국의 위안화가 평가절상된다는 가정하에서 중국의 GDP는 2030년 미국을 추월할 것으로 예상한다. 그러나 환율과 물가를 고려하지 않는다면 중국은 2030년대 초반 미국 GDP의 90%까지 근접하지만 2050년까지도 미국을 따라잡지 못하는 것으로 전망한다.[81]

*The Economist*지 자매기관인 EIU는 2023년 6월까지 추월 시점을 2039년으로 예상하였다.[82] 그러나 2023년 8월에는 2050년까지도 중국의 GDP가 미국을 따라잡지 못하는 것으로 발표하고 있다.[83] 중국이 혁신, 기술 향상, 투자를 통해 생산성은 향후 20년간 3% 이상 증가할 것으로 예상하지만 같은 기간 동안 노동인구가 12% 이상 감소할 것으로 예상하기 때문이다. 따라서 중국의 경제가 계속 성장하기는 하지만 2050년까지도 미국을 따라잡지는 못하는 것으로 전망하고 있다(〈그림 6〉 참조).

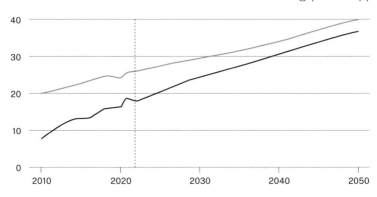

그림 6 EIU의 미국-중국 GDP 추이 전망 (2022년 이후 예측, 조 달러)

출처: The Economist(2023b), https://www.economist.com/graphic-detail/2023/08/03/china-will-become-less-populous-more-productive-and-more-pricey; 노동인구와 생산성을 반영한 예측

영국의 투자자문회사인 Capital Economics는 중국의 입장에서 가장 비관적 예측을 내놓고 있다. 〈그림 7〉에서처럼 중국의 GDP는 2035년에 미국의 90%까지 따라잡아 가장 근접하지만 이후 다시 격차가 벌어져서 2050년에는 미국의 84% 정도에 머물 것으로 예측하고 있다.[84] 이러한 예측의 근거로 Capital Economics는 두 가지 요인을 들고 있다. 하나는 중국 노동인구의 감소이고, 다른 하나는 중국식 성장모델이 한계에 이르면서 이에 따른 생산성 증가의 둔화이다. 이러한 요인들로 인해 2030년에 이르면 중국의 성장률은 2% 정도로 떨어질 것으로 예상한다. 이는 IMF의 예측보다도 더 비관적 전망이다.

다른 한편, S&P Global은 2024년 4월에 보다 통합적인 예측

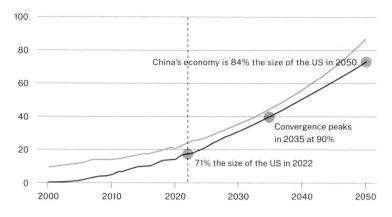

China's economy is 84% the size of the US in 2050

Convergence peaks
in 2035 at 90%

71% the size of the US in 2022

그림 7 Capital Economics의 미국-중국 GDP 예측 (명목, 조 달러)
출처: Capital Economics(2023)

시나리오를 내놓았다.[85] 미국의 실질 GDP 성장률은 장기적으로 평균 2%로 가정한다. 그리고 미중 간 환율과 인플레이션율 차이가 GDP에 미치는 영향은 서로 상쇄하는 것으로 가정한다. 이러한 가정하에서 중국이 지금의 성장 추세를 지속하여 실질 성장률 5%를 장기간 유지한다면 2038년 미국을 추월할 것으로 예측한다. 중국이 보다 낮은 4% 정도의 실질 성장률을 장기간 유지한다면 2046년에 추월할 것으로 예측한다. 중국의 실질 성장률이 떨어져 3% 정도로 지속된다면 2068년에 미국을 추월할 것으로 예측한다(〈그림 8〉 참조). 지금의 성장 추세에서 성장률이 2% 정도 떨어져 장기간 지속된다면 미국을 따라잡는 데 30년이 더 걸린다는 예측 결과이다.

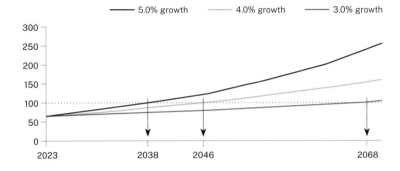

그림 8 S&P Global: 중국의 실질 GDP 평균 성장률에 따른 중국의 미국 추월 시나리오 (미국 명목 GDP %)

* 데이터 2024년 2월 작성.
* 미국의 실질 GDP 성장률을 장기간 평균 2%로 가정; 위안화 환율변동은 미중 간 인플레이션율 격차를 상쇄하는 것으로 가정.
출처: S&P Global Market Intelligence, https://www.spglobal.com/marketintelligence/en/mi/research-analysis/peak-china-economic-prospects.html

추월 연기 혹은 불발

지금까지 주요 전문기관들의 추월 시점 예측을 요약하면 아래의 〈표 3〉과 같다. 중국의 경제력이 조만간, 즉 2020년대 후반 혹은 2030년 초반에 미국을 추월할 것이라는 지금까지의 통설을 주도해 왔던 전문기관들이 추월 시점을 연기하거나 2050년까지도 추월하지 못할 것이라는 수정된 예상들을 내놓고 있다. 중국의 GDP가 미국을 추월하거나 가장 근접하는 시점은 2030년대 후반 이후이거나 아니면 2050년까지도 추월하지 못할 것이라는

표 3 주요 전문기관 추월 시점 예측

전문기관과 발표 시점	추월 시점	조건, 단서, 기타
OECD 2021	2030년	
Goldman Sachs 2022	2035년	
인민대학 중앙금융연구원 등 2024	2035년	4~5% 성장 유지
일본경제연구센터 2022	2035년까지 불가	2021년 2033년으로 예상
CEBR 2022. 12.	2036년	기존 2028년에서 연기
The Economist 2023. 6.	2039년	
Bloomberg 2023	2040년대 중반	2030년대 초반에서 연기
The Economist 2023. 8.	2050년까지 불가	
Capital Economics 2023	2050년까지 불가	2035년 가장 근접 (미국의 90%)
Lowy Institute 2022	2050년까지 불가	환율, 물가 상수; 2030년대 초반 미국의 90%
S&P Global 2024	2038년	실질 GDP 평균 성장률 5%
	2046년	실질 GDP 평균 성장률 4%
	2068년	실질 GDP 평균 성장률 3%

예상이 다수이다. 추월 시점을 2030년대 후반 이후로 연기하거나 2050년까지도 추월하지 못할 것이라는 이러한 예측에 이르게 된 원인은 무엇인가?

GDP는 노동인구와 그들의 생산성으로 결정된다. 우선 인구추이부터 검토해 보자. 미국과 중국의 인구추이와 관련해서는 신뢰할 만한 예측들이 나와 있다. 중국의 상하이사회과학원은

2100년까지의 중국의 인구추이를 발표하였다.[86] 여기에 따르면 중국 인구는 2021년 정점에 이른 후 2022년부터 감소하는 것으로 예측하고 있다.[87] 매년 평균 1.1%씩 감소하여 2100년에는 지금의 반에도 못 미치는 5억 9천 정도로 떨어지는 것으로 예측하고 있다. 노동인구 또한 2014년 정점에 이른 후 매년 평균 1.73%씩 감소하는 것으로 예측하고 있다. 이는 중국의 생산성이 노동인구의 감소를 상쇄하는 이상으로 증대해야 경제가 성장할 수 있다는 의미이기도 하다. 실제 중국 통계국 발표에 따르면 중국 인구는 2022년에 85만 명이 줄었고, 2023년에는 208만 명이 줄어 지난 2년간 약 300만 명 정도가 감소하였다.[88] 상하이사회과학원의 예측보다 인구감소가 더 빠르게 진행되고 있는 것이다. 인구추이만 고려한다면 중국의 GDP는 이미 '피크'를 지나고 있는 셈이다.

반면, 미국의 인구는 2080년까지 계속 증가한다. 미국 인구조사국은 출생, 사망, 이민을 추정하여 2022-2100년간의 인구추이를 최근 발표하였다. 여기에 따르면 미국의 인구는 계속 증가하여 2080년에 약 3억 7천만 명으로 정점에 이른 후 2100년 3억 6천 6백만 명으로 약간 감소할 것으로 예측하고 있다.[89] 〈그림 9〉는 미국과 중국의 인구추이를, 그리고 〈그림 10〉은 중국의 노동인구와 노령인구 추이를 보여준다.

중국은 노동인구의 감소를 상쇄하는 그 이상의 생산성을 증

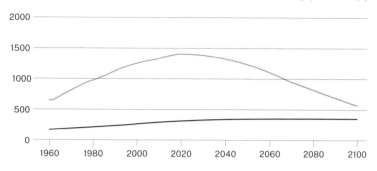

그림 9 미국-중국 인구추이 (1960-2100, 백만 명)

자료: United States Census Bureau(2023); 중국 상하이사회과학원, Peng(2022)

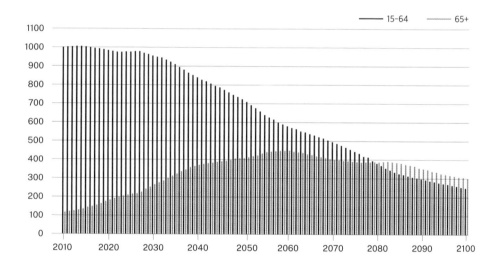

그림 10 중국의 노동인구와 노령인구 추이

출처: 중국 상하이사회과학원, https://public.flourish.studio/visualisation/10140698/?utm_source=embed&utm_campaign=visualisation/10140698

중국은 미국을 따라잡을 것인가?

대시켜 나갈 수 있을까? *The Economist*지는 중국이 혁신, 기술 향상, 투자를 통해 향후 20년간 3% 이상 생산성을 증가시킬 것으로 예상하지만 2050년까지도 미국의 GDP를 추월하기에는 역부족일 것으로 내다봤다. 향후 20년간 노동인구가 12% 이상 감소할 것으로 예상하기 때문이다.[90] 더구나 중국식 성장모델의 구조적 한계가 나타나면서 생산성 증대를 둔화시키고 있다는 분석들이 제기되고 있다. 중국은 높은 저축률로 인해 내수에 한계가 있고, 따라서 투자와 수출이 주도하는 방식의 성장을 이뤄왔다. 투자가 GDP에 기여하는 비율은 43% 정도이고 수출은 20% 정도에 이른다.[91] 그러나 이미 과잉투자, 과잉생산으로 중국경제는 디플레이션에 직면해 있다. 미국의 로위연구소는 향후 수십 년간 투자가 중국의 GDP에 기여하는 비율은 반으로 줄 것으로 예상하고 있다.[92] 세계수출의 15% 정도를 차지하고 있는 중국이 새로운 수출시장을 확보하는 데에도 한계에 봉착해 있다. GDP의 3배에 육박하는 총부채, 부동산 시장 불안정 등의 요인들 또한 중국식 성장모델의 불가피한 결과로 중국의 성장추세를 둔화시키고 있다.

중국이 생산성의 둔화를 넘어서고 성장의 동력을 유지하기 위해서는 시장화와 사유화로의 개혁을 더욱 가속화해야 한다. 지금까지의 성공적인 성장은 바로 여기에 기인하기 때문이다. IMF 중국 담당 책임자인 제인 챈드라(Sonali Jain-Chandra)도 중국이 노동인구의 감소에 대응하고 생산성을 높이는 방향으로 포괄적 개혁을 추진한다면 성장률의 둔화를 완화시킬 수 있을 것으로 보고 있다.[93] 그러나 시진핑 지도부는 당과 국가의 통제를 강화하면서 오히려 '반시장화', '개혁의 역행'으로 나아가면서 성장동력에 스스로 제동을 거는 결과를 낳고 있다. 중국경제 전문가인 라아디(Nicholas Lardy)도 '국가주도 망령'이 되살아나서 시장과 사기업의 핵심적 기능을 위축시키고 있다고 지적한다.[94] 2010년 국유기업이 GDP에 기여한 비율은 20%로 그 동안 지속적으로 감소해 왔으나 2019년에는 32%로 오히려 증가하였다. 반대로 같은 기간 사유기업과 외자기업 등의 비율은 77%에서 67%로 감소하였다.[95] 2013년 시진핑체제 출범 이후 개혁의 역행을 확인할 수 있는 변화이다.

여기에 2018년 시진핑 2기 출범 이후 장기 집권을 향한 공세적 대외전략을 펼치는 한편, 미국의 트럼프 행정부의 출범과 맞물려 양국 간 전략경쟁이 본격화되었다. 이로 인해 미국의 무역제재, 기술통제, 수출통제, 투자심사, 독자적 공급망 구축, 디커플링 등이 추진되면서 중국의 성장추세를 꺾고 있다. 2023년 시진핑 3기 집권이 본격화되면서 중국에 대한 '매력'이 급감하고 이로 인한 해외투자 유입과 인적 교류의 급감 또한 중국의 성장동력을 감속시키고 있는 요인으로 작용하고 있다.

요약하면, 지금까지의 통설을 주도해 왔던 전문기관들이 추월 시점을 2030년대 후반 이후로 연기하거나 2050년까지도 추월하지 못할 것이라는 수정된 예측을 내놓을 수밖에 없었던 근거는 다음의 세 가지이다. 첫째는 예상보다 더 빠르게 진행되고 있는 중국의 인구감소와 이에 따른 노동인구의 감소이다. 둘째는 중국의 생산성 증대에 대한 비관적 전망이다. 소위 중국식 성장모델이 2018년 이후 그 구조적 한계들을 보이기 시작하면서 성장추세를 꺾고 있고 시진핑 체제하에서 '개혁의 역행'이 진행되면서 생산성의 증가도 둔화되고 있기 때문이다. 여기에 트럼프 행정부 이후 본격화되기 시작한 미중 간 전략경쟁 또한 중국의 성장동력을 꺾고 있다.

중국의 군사력

군사력은 여러 가지 지표로 측정할 수 있을 것이다. 여기서는 가장 일반적이고 또한 종합적인 지표로서 군비지출(military expenditure)을 비교하기로 한다. 앞 장의 〈그림 3〉 미중 군비지출 추이에서 볼 수 있듯이 2000년 이후 중국의 군비지출은 꾸준히 증가되어 왔다. 연평균 12% 정도이다. 미국의 경우 오바마 행정부에서 다소 감소한 이후 다시 증가 추세로 돌아섰다. 연평균 5% 정도로 증가되어 왔다. 2023년 기준으로 미국이 약 9,000억 달러이고 중국이 약 3,000억 달러로 미국이 3배 정도 많다. 군비지출의 결과는 무기, 장비, 기술 등의 형태로 상당 부분이 누적되기 때문에 누적 군비지출을 비교하면 격차는 더욱 커진다. 〈그림 11〉은 2000년 이후 미중 간 누적 군비지출을 보여준다. 2023년 미국의 누적 군비지출이 약 18조 6천억 달러이고 중국의 누적 군비지출이 약 3조 6천억 달러로 미국이 5배 정도 많다.

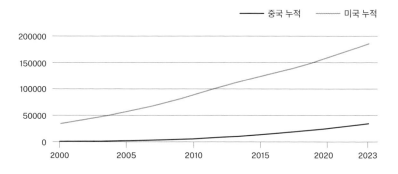

그림 11 미국-중국 누적 군비지출 (2000-2023, 억 달러)
자료: SIPRI(2024); SIPRI(2023)

 그럼에도 불구하고 2000년 이후 중국은 군비지출에서 미국과의 격차를 가속적으로 줄여왔다. 〈표 4〉에서 볼 수 있듯이 중국의 군비지출은 2000년 미국의 7% 수준에서 2023년 32% 이상으로 따라왔다. 중국의 추격이 빠르게 진행되고 있는 것이다.
 만약, 중국과 미국이 지금까지의 증가율 추세로 미래에도 군

표 4 미국-중국 군비지출 추이

	2000	2010	2020	2023
중국	222	1055	2580	2964
미국	3201	7380	7784	9160
미국에 대한 중국의 %	6.9	14.3	33.1	32.4

자료: SIPRI(2024); SIPRI(2023)

비를 증가시켜 나간다면 2040년 전후 중국의 군비는 미국을 추월할 것이다. 그러나 지금까지 중국이 9% 정도의 고도성장을 지속해 왔을 때의 군비 증가율이 미래에도 지속되기는 어려울 것이다. 위에서 검토했던 대부분의 전문기관들은 중국의 향후 성장률을 5% 이하로 전망하고 있기 때문이다. 중국은 2024년 군비를 7% 증가시켰다. 둔화된 경제성장률에 맞춰 비례적으로 군비 증가율을 조정한다면 2050년까지도 미국의 군비지출을 따라잡지 못할 것이다. 또한 군비가 GDP에서 차지하는 비율에 있어 미국은 2000년 이후 평균 4%, 중국은 평균 2%를 지출해 왔다. 2050년까지 미국보다 여전히 9~10억 정도의 인구가 많은 중국이 미국보다 더 높은 비율로 GDP를 군비로 지출하기도 어려울 것이다. 결론적으로 2050년까지 중국의 군비지출이 미국을 따라잡을 가능성은 매우 낮다.

다른 한편, 중국은 국방 및 군 현대화를 지속적으로 추진해 왔다. 국방 현대화는 덩샤오핑이 개혁개방을 시작하면서 내걸었던 4개 현대화 목표의 하나였다. 시진핑 체제는 이전의 어떤 지도부보다 군 현대화를 강력하게 추진했다. 1~2기 집권 시기와 3기 집권 이후의 주요한 현대화 개혁을 살펴보자. 2015년에는 인민해방군 병력 30만 명을 감축하여 최적 규모로 유지하고 정예화, 과학화하고자 하였다. 같은 해 12월에는 육군지휘기구, 로켓군, 전략지원부대를 신설하였다. 중국공산당 중앙군사위원회는 2016년 「국방 및 군대 개혁 심화에 대한 의견」을 발표하였다.[96] 이에 따라 중앙군사위원회 조직 개편을 단행하는 한편, 중앙군사위의 지휘통제를 강화하고, 중앙군사위 연합작전지휘센터를 신설하여 시진핑 주석이 총사령관으로 취임하였다. 더불어 7대 군구(軍区)를 5대 전구(战区)로 개편하여 연합작전 능력을 제고하고자 하였다.

2017년 중국공산당 19차 당대회에서 시진핑 총서기는 2기 집권을 시작하면서 1인 지배체제를 강화하는 한편, 군 현대화의 단계별 로드맵을 발표했다. 즉, 인민해방군 창설 100년이 되는 2027년까지 기계화, 정보화, 지능화를 중심으로 하는 통합 발전을 가속화하고, 국가 현대화에 발맞춰 군사이론, 조직구조, 군 인사, 무기와 장비를 전반적으로 현대화하여 2035년까지 국방 및 군 현대화를 완결하여, 2049년까지 인민해방군을 '세계 일류 군대'로 변모시킨다는 현대화 로드맵을 제시한 것이다. 중화인민공화국 수립 100년이 되는 2049년 '사회주의 현대화 강국'의 달성에 맞추어 중국의 군을 미국과 대등한 세계 일류 군대로 발전시킨다는 계획이다.

시진핑 체제는 2023년 3기 집권을 시작한 이후 또 한 차례의 현대화 개혁을 추진했다. 기존의 전략지원부대를 해체하여 4대 군종, 4대 병종 체계로 군 체계 개편을 단행하였다. 즉, 기존의 육군, 해군, 공군, 로켓군의 4대 군종과 군사우주부대, 사이버공간부대, 정보지원부대, 군수보장부대의 신형 4대 병종 체계로 개편하였다. 특히 정보지원부대를 중앙군사위의 직접 지휘통제에 두어 군 통합운용 능력을 높이고자 하였다.

미국 국방부는 2023년 연례 보고서에서 중국의 군은 최근 '다역정확전'(多域精确战)이라는 새로운 작전개념을 도입 중인 것으로 밝히고 있다. 다역정확전은 빅데이터와 AI 기술에 기반한 C4ISR 네트워크를 활용하여 미국 작전체계의 취약성을 찾아내고 통합전력으로 타격하는 작전개념이다.[97] 국방부 보고서는 또한 중국의 핵전력과 관련하여 2023년 5월 기준으로 500개의 핵탄두를 보유하고 있고, 군 현대화를 달성하는 2035년까지 1,000개 이상의 핵탄두를 보유, 배치할 것으로 추정한다.[98]

미중 간 군사력은 질적, 양적 측면에서 여전히 상당한 격차가 있고, 군비지출에서 볼 때 중국이 2050년까지 미국을 따라잡을 가능성은 낮다. 그럼에도 불구하고 중국은 특히 시진핑 체제에 들어서 국방 및 군 현대화 로드맵을 설정하고 이를 매우 강력하게 추진했다. 2027년까지 기계화, 정보화, 지능화를 추진하고, 2035년까지 군 현대화를 달성하여, 2049년까지 세계 일류 군대로 발전시킨다는 계획이다. 지금까지의 군 현대화 개혁을 통해 중국의 군사력을 질적, 양적 차원에서 상당한 정도로 업그레이드시킨 것으로 평가된다. 유의할 점은 시진핑 주석이 건국 100년이 되는 2049년까지 인민해방군을 '세계 일류 군대'로 전환한다는 목표를 설정했다는 사실이다. 중국이 명시적으로 '세계 일류 군대'에 대해 설명하지 않지만 미국 평화연구소의 스테펀슨(Alex Stephenson)이 지적하듯이 미국과 대등한 군사력을 갖는다는 의미로 이해할 수 있다.[99] 그때까지 중국은 미국과의 군사력 균형에 최대한 근접하기 위해 최대한 노력할 것이다.

세력전이와 미중관계

미중 간 세력전이와 관련하여 지금까지의 논의를 요약하면 다음과 같다.

첫째, 군비지출로 볼 때 중국의 군사력이 2050년까지 미국의 군사력을 추월할 가능성은 낮다. 9% 정도의 고도성장기 군비 증가율을 미래에도 지속하기는 어렵고, 2050년까지도 여전히 미국에 비해 9~10억 정도의 인구가 많은 중국이 미국보다 더 높은 비율로 GDP를 군비로 지출하기도 어려울 것이기 때문이다.

둘째, 중국은 2035년까지 국방 및 군 현대화를 완결하고 2049년까지 세계 일류 군대로 발전시킨다는 목표를 설정하고 군 현대화를 강력하게 추진해 왔다. 2049년까지 미국과 대등한 군사 강국을 목표로 하고 있고, 그때까지 미국과 군사력 균형에 근접하기 위해 현대화 개혁에 박차를 가할 것이다.

셋째, 중국의 경제력과 관련하여 최상의 시나리오는 Goldman Sachs(2022), 중양금융연구원(2024), CEBR(2022), The Economist(2023a), S&P Global(2024) 등이 예측하고 있듯이 5% 정도의 경제성장을 지속하여 2030년대 후반 미국을 추월하는 경우이다. 그러나 이 경우에도 위에서 보았듯이 군사력의 추월은 실현되지 않을 것이다. 따라서 최상의 시나리오는 2030년대 후반에 경제력의 추월만 실현되는 '부분 세력전이'(partial power transition)이다. 그러나 IMF가 2024년 10월 발표한 "World Economic Outlook"에서 2029년 중국의 실질 GDP 성장률을 3.3%로 예측하고 있다는 점을 고려하면 이러한 부분 세력전이의 가능성은 높지 않다.

넷째, 중국의 입장에서 최하의 시나리오는 성장률이 3%대로 떨어져서 2050년까지도 미국의 경제력을 추월하지 못하는 경우이다. 이 경우 중국은 2050년까지 경제력과 군사력에서 미국을 따라잡지 못한다. 즉 2050년까지 중국의 추월은 없고 세력전이는 실현되지 않는다.

군사력과 경제력에 추가하여 동맹의 세력과 소프트 파워까지 고려한다면 미중 간 힘의 격차는 더욱 커진다. 오르간스키는 지배국가와 그 동맹의 세력이 도전국가와 그 동맹의 세력보다 우위일 때 국제체계는 안정적으로 유지될 수 있다고 보았다. 미국은 현재 집단동맹체제인 북대서양조약기구(NATO) 32개 회원국과 주요 비나토 동맹국(MNNA) 18개국을 더하여 50여 개 국가들과 동맹관계를 맺고 있다. 반면 중국은 북한이 유일한 동맹국이다. 동맹국들의 세력에서 미국이 중국보다 압도적 우위에 있다.

소프트 파워에서도 마찬가지이다. 경제적 유인이나 군사적 위협에 의하지 않고 자국에 우호적인 영향력을 발휘하게 하는 힘을 소프트 파워로 정의할 수 있다. 소프트 파워는 문화, 가치, 정부, 기업, 교육, 디지털, 국제화 등 다양한 요인들이 복합적으로 작용한 결과에 따라 결정된다.[100] 이러한 소프트 파워에서도 중국은 미국과 상당한 격차를 보이고 있다. 2015년부터 2019년까지 소프트 파워 세계 30위 국가들을 발표해 오던 *The Soft Power 30*에 의하면 미국이 상위 5위 이내에 있는 반면 중국은 25위 이하에 있다.[101] 2023년 시진핑의 3연임이 시작되면서 중국 공산당의 통치를 강화하는 한편 중국 사회에 대한 통제와 억압을 강화하고 중화민족주의를 내세우며 타이완에 대한 무력통일도 포기하지 않겠다는 시진핑 주석의 발언이나, 남중국해의 군사화, 홍콩의 조기 중국화, 여기에 코로나 발발과 이에 대한 대응 등의 요인들은 중국의 소프트 파워를 상당한 정도로 끌어내리고 있다.

따라서 힘의 관계에서 미중관계는 다음의 두 가지 시나리오 중 어느 하나로 전개될 것으로 예상할 수 있다.

첫 번째 시나리오는 2030년대 후반까지 중국이 부분 세력전이를 실현하고 군 현대화를 완성하는 경우이다. 이 경우 미중관계는 2030년대 후반까지 세력전이가 진행되면서 이를 지연시키거나 역전시키기 위한, 혹은 가속시켜 미국과 힘의 균형에 최대한 근접하기 위한 치열한 세력경쟁과 경제패권 경쟁이 전개되는 전략적 경쟁관계로 지속될 것이다. 미중 간 세력경쟁은 남중국해, 인도·태평양 지역에서 가장 치열하게 전개될 것이다. 또한 부분 세력전이 시나리오를 실현하기 위해서 중국은 5% 이상의 성장을 유지해야 하고, 이를 위해서는 노동인구의 감소를 상쇄하는 이상으로 생산성을 높여야 한다. 따라서 인공지능, 퀀텀 컴퓨팅, 첨단 반도체, 6G 통신, 배터리 등 첨단산업 분야에서 기술우위를 확보해야 하고, 이를 위한 미중 간 기술우위 경쟁이 치열해질 것이다.

첫 번째 시나리오에서 2030년대 후반 경제력에서 미국을 추월하고 군 현대화를 완료한 중국은 이후 '완전 세력전이'를 향해서 미국과 치열한 군사력 경쟁을 펼칠 것이다. 중국은 2049년까지 사회주의 현대화 강국을 실현하고 미국과 대등한 세계 일류 군대를 보유한다는 목표를 실현하기 위해 질주할 것이다. 2030년대 후반 중국은 미국과 '세력균등 구간'에 진입할 것이고, 타이완 침공과 같은 군사적 도전을 감행한다면 이때가 될 것이다. 그러나 여전히 군사력의 우위가 불확실하고 세력전이가 유리하게 진행중인 상황에서 군사적 모험의 가능성은 배제할 수는 없으나 높지는 않을 것이다.[102]

두 번째 시나리오는 중국이 2050년까지도 미국의 경제력과 군사력을 계속 추격하지만 추월하지 못하는 경우이다. 즉, 2050년까지도 미중 간 세력전이가 실현되지 않는 경우이다. 이 경우에도 2030년대 후반까지는 치열한 세력경쟁을 포함하는 전략경쟁이 계속될 것이다. 중국은 첫 번째 시나리오를 실현시키고자 할 것이기 때문이다.

다만, 두 번째 시나리오에서 2030년대 초반 성장률이 3%대로 지속되고 부분 세력전이의 가능성이 점차 불확실해지고 더 멀어짐에 따라 미중 간 전략경쟁은 조기에 완화될 수 있다. 이 시기 중국에서는 보다 개혁지향의 국제협력 리더십이 등장할 수도 있다. 이 경우 세력전이는 장기적으로 진행되겠지만 미중관계는 '완화된 전략경쟁'과 '갈등의 관리'로 유지되어 갈 가능성이 높다. 혹은 '경쟁과 협력의 관계'로 미중관계가 진전될 수도 있을 것이다.

전문기관들의 중국 경제력 예측에 따르면 두 번째 시나리오의 가능성이 더 높다. 2050년까지 중국의 추월은 없고 미중 간 세력전이는 실현되지 않는다. 2030년대 후반 부분 세력전이의 가능성을 상정할 수 있으나 그 가능성은 낮다. 타이완 침공으로 인한 미중 간 충돌이 일어난다면 2030년대 후반이 될 가능성이 있으나 그 가능성 또한 낮다. 어느 시나리오가 현실화되든 2030년대 후반까지 미중관계는 전략경쟁을 피하기 어려울 것이다. 바이든 행정부의 「국가안보전략」도 향후 10년간이 중국과의 경쟁에서 가장 중요한 시기가 될 것으로 예상하고 있다.[103] 미중 간 전략경쟁은 지정학적 세력경쟁과 경제패권 경쟁으로 전개될 것이다. 지정학적 세력경쟁은 미국의 재균형과 중국의 역균형이 부딪히고 있는 남중국해와 인도·태평양 지역에서 가장 치열하게 전개될 것이다.

중국은 불만족 국가인가?

2050년까지 중국의 추월은 없고 세력전이도 실현되지 않는다. 세력전이 이론의 첫 번째 조건인 '세력전이'가 충족되지 않는다. 그렇다면 세력전이 이론의 두 번째 조건인 '불만족'과 관련하여 중국을 불만족 국가로 볼 수 있는가? 중국은 기존 국제질서에 불만족하여 현상변경을 추구하는 수정주의 국가인가? 앞서 검토했듯이 기존 국제질서에서 지배국가를 추월할 정도로 부상한 국가가 왜 기존 국제질서에 불만족하여 현상변경 세력이 될 수 있는가 하는 세력전이 이론에 대한 문제제기는 설득력이 있다. 그런 국가는 기존 국제질서에서 힘을 키워 조용히 때를 기다려 전쟁 없는 세력전이를 실현하는 것이 당연히 합리적일 것이다.

중국의 왕이(王毅) 외교부장은 바이든 행정부가 출범한 직후 공개한 「잠정 국가안보 지침」에서 중국을 '현존 국제질서에 도전할 수 있는 유일한 전략적 경쟁국가'로 규정한 데 대해서 '중국은 기존 국제질서하에서 지금의 중국으로 성장해 왔는데 왜 중국의 이익에 부합하는 지금의 국제질서에 도전하여 처음부터 다시 새로운 국제질서를 만들려고 하겠는가'라고 반문했다.[104] 왕이의 반문대로 중국을 불만족 국가로 단정짓는 것은 논쟁의 여지가 있다. 중국은 분명 자유주의 국제경제질서의 가장 큰 수혜국가이기 때문이다. 반면, 타이완을 포함해서 남중국해나 더 넓게 인도·태평양 지역의 지정학적 국제질서에 대해서는 불만족할 수 있고 현상변경을 시도하는 수정주의 국가로 볼 수도 있다. 부상하는 국가를 만족 국가 혹은 불만족 국가로 획일적으로 단정하는 것은 실제와 괴리가 있을 수 있다.

존스톤은 개혁개방 직후 덩샤오핑과 장쩌민(江澤民) 시기의 중국을 수정주의 국가로 단정할 수 없다고 결론내리고 있다. 이 시기 중국의 외교는 현상변경보다는 현상유지 지향이 더 강했다고 결론내린다.[105] 존스톤은 보다 최근에 국제질서는 단일한 것이 아니라 군사, 무역, 정보, 환경, 인권 등 8개 정도의 영역별 국제질서가 중층적으로 존재하고, 중국은 이들 중 일부는 수용하고 일부는 거부하며 일부는 부분적으로 수용한다는 사실을 밝혔다.[106] 중국의 외교나 대외전략을 획일적으로 만족 혹은 불만족으로, 현상유지 혹은 현상변경으로 단정짓는 것은 문제가 있다는 점을 확인하고 있는 것이다.

2050년까지 미중 간 세력전이는 실현되지 않고, 중국을 불만족 국가로 단정할 수 없다면 세력전이 이론의 두 가지 조건 모두를 충족하지 않는다. 그렇다면 2050년까지 세력전이로 인한 전쟁 혹은 '예정된 전쟁'은 없다. 그렇다고 미중 간 충돌 혹은 전쟁 또한 없을 것이라고 단정할 수는 없다. 시나리오 2에서도 2030년대 후반까지 치열한 전략경쟁이 진행될 것이고 중국의 추월은 실현되지 않으나 세력경쟁에 따른 구조적 긴장이 증폭될 수 있다. 여기에 앨리슨이 제시하는 '불씨' 혹은 '불꽃'이 구조적 긴장을 점화시킨다면 군사적 충돌이나 전쟁으로까지 나아갈 수 있다. 앨리슨은 이러한 불씨들로 남중국해 해상에서의 충돌, 타이완 문제로 인한 충돌, 동중국해의 센카쿠/조어도에서 중일 충돌과 미중 충돌, 북한의 도발로 인한 미중 충돌, 북한의 붕괴에 의한 미중 충돌, 무역전쟁이 군사적 충돌로 증폭되는 경우 등의 시나리오를 제시하고 있다.[107] 미국과 중국을 투키디데스의 함정으로 몰아갈 수 있는 불꽃들이다.

미국과 중국은 인도·태평양에서
왜, 어떻게 부딪히고 있는가?

힘의 관계에서 미중관계는 다음과 같이 예상된다. 첫째, 적어도 2030년대 후반까지는 세력전이가 진행될 것이다. 둘째, 미국으로서는 이를 지연시키거나 역전시키기 위해서, 중국으로서는 이를 더욱 가속시켜 세력전이를 완결시키기 위해서 2030년대 후반까지 미중 간에 치열한 세력경쟁이 전개될 것이다. 이러한 미중 간 세력경쟁은 남중국해, 동아시아, 인도·태평양 지역에서 가장 치열하게 전개되고 있다. 이 지역에서 미중 간 세력경쟁은 왜, 어떻게 전개되고 있는가?

중국의 부상으로 역내 기울어진 세력균형을 복원하고 중국의 현상변경을 차단하려는 미국의 재균형(rebalancing) 전략과 이에 대응하는 중국의 역균형(counterbalancing) 전략은 인도·태평양 지역에서 '지정학적 세력정치'로 첨예하게 부딪히고 있다. 지정학은 지리적 관점에서 설계되는 국가의 전략적 행동으로 이해할 수 있다. 전략적 행동에는 군사협력, 군사기지 확보, 세력권 확장, 전략무기 배치 등 군사적 조치일 수도 있고, 동맹과 파트너십 구축, 외교협력, 무역협정, 민주주의 연대 등 자국 중심의 질서 구축일 수도 있다. 세력정치는 지정학적 관점에서 전개되는 것이 일반적이다.

미국의 재균형 전략과 인도·태평양 전략

2009년 오바마 행정부의 등장으로 미국의 대외전략은 뚜렷한 전환기를 맞게 된다. 중동 우선 전략에서 아시아·태평양 중시 전략으로 전환되었고, 아시아·태평양 '재균형' 전략으로 구체화되었다. 오바마 1기 행정부에서 국무장관을 역임하였던 클린턴(Hillary Clinton)은 2011년 10월 *Foreign Policy*에 기고한 글에서 재균형 전략의 밑그림을 제시하였다. 아시아·태평양 지역이 세계정치의 중심이 되고 있고, 아시아가 미국의 미래에 결정적으로 중요하고, 아시아에 대한 미국의 관여 또한 아시아의 미래에 결정적으로 중요하다는 인식과 더불어 아시아에 대한 '전진 외교'(forward-deployed diplomacy)를 추진해야 한다는 의지를 밝히고 있다. 전진 외교는 안보동맹의 강화, 중국을 포함하는 부상하는 국가들과의 관계 심화, 지역 다자기구들에 대한 적극적 참여, 무역투자 확대, 광범위한 군사력 배치, 민주주의와 인권의 제고 등 6가지의 핵심 행동으로 추진될 것이라는 점을 밝히고 있다.[108] 마찬가지로 오바마 행정부 초반 안보보좌관을 지낸 도닐런(Thomas E. Donilon) 또한 재균형 전략은 경제적 개방성, 분쟁의 평화적 해결, 보편적 권리와 자유의 존중에 기반한 안정적 안보환경과 지역질서를 목표로 5가지 영역에서의 행동으로 추진될 것이라고 밝히고 있다. 이들은 동맹강화, 부상하는 국가들과의 파트너십 강화, 중국과 안정적이고 생산적이며 건설적인 관계 구축, 역내 국제기구들 강화, 지역경제질서 구축 등이라고 제시하고 있다.[109]

미국의 재균형 전략은 남중국해와 서태평양 그리고 인도양에서 해상안보를 강화하는 군사협력으로 우선 시작되었다. 먼저 미국과 필리핀은 2014년 4월 '방위협력강화협정'(Enhanced Defense Cooperation Agreement)을 체결하고 미군이 필리핀의 군사기지를 다시 사용할 수 있도록 합의했다. 필리핀은 중국과 스카보로섬(黃岩島, Scarborough Shoal)에 대한 영유권 분쟁 중에 있다. 또한 미국과 오스트레일리아는 2014년 8월 '전력태세협정'(Force Posture Agreement)을 체결하고 오스트레일리아 북부 다윈(Darwin)에 순환배치되는 미군 해병과 공군 병력을 1,150명에서 2,500명으로 증원시켰다.[110]

파라셀 군도(Paracel Islands, 西沙群島)와 스프래틀리 군도(Spratly Islands, 南沙群島)에서 중국과 영유권 분쟁 중에 있는 베트남과도 방위안보협력을 강화시켰다. 미국과 베트남은 2015년 6월 '방위협력공동비전'(Joint Vision Statement on Defense Relationship)에 서명하고, 7월에는 응우옌 푸 쫑 베트남 공산당 서기장이 미국을 방문하여 남중국해에서 양국 간 '공통의 전략적 이익'을 확인하였으며, 2016년 5월 오바마 대통령은 베트남을 방문하여 무기금수조치를 전격 해제했다. 남중국해에서 증강되고 있는 중국의 군사력에 대응해서 양국관계는 '포괄적 파트너'에서 '전략적 파트너'로 진화했다. 이에 앞서 미국 국방부는 2015년 5월 샹그릴라 대화(Shangri-La Dialogue)에서 남중국해 주변 동남아시아 국가들의 해상안보 능력을 강화시키기 위해 5년간 4.25억 달러를 지원한다는 '신해상안보구상'(New Maritime Security Initiative)을 공개했다.

오바마 행정부는 중국의 오랜 전략적, 경제적 파트너인 미얀마와의 관계도 개선시켜 나갔다. 1988년 군부 쿠데타 이후 미국이 부과했던 제재조치를 거두고 미얀마의 체제전환을 지원하는 한편 안보협력을 추진해 나갔다. 양국 관계는 2012년 11월 오바마 대통령의 양곤 방문과 2013년 5월 테인 세인(Thein Sein) 대통령의 워싱턴 방문으로 급속히 진전되었다. 미얀마 측에서는 중국의 과도한 인프라 투자와 자원개발에 대한 우려에서, 미국 측에서는 동남아시아 북쪽에 중국과 접경하고 있는 미얀마에 재균형의 교두보를 확보한다는 지정학적 관점에서 양국 관계는 급속히 진전되어 나갔다.[111]

후진타오 지도부가 말래카 해협의 취약성을 해소하기 위해 인도양을 둘러싸는 '진주 목걸이' 전략을 추진하고, 시진핑 지도부 들어 육상과 해상으로 아프리카, 유럽에 이르는 '일대일로' 전략을 야심차게 추진하자 미국의 재균형 전략도 인도양과 중앙아시아로 확장되어 갔다. 2015년 1월 오바마 대통령이 뉴델리를 방문한 이후 양국은 '방위협력기본협정'(Framework for Defense Relationship)을 10년간 갱신하는 한편, '방위기술무역구상'(Defense Technology and Trade Initiative)에 따라 군사기술 공동개발과 공동생산을 추진하기로 합의하였다. 또한 '아시아·태평양 및 인도양 지역에 대한 공동전략비전'을 발표하였다.[112] 2016년 6월에는 인도의 모디(Narendra Modi) 수상이 워싱턴을 방문하여 '군수교류협정'을 체결함으로써 양국의 해군이 양국의 군사시설에서 군수지원을 받을 수 있도록 하였다.

중국이 주변외교를 강화하고 중앙아시아를 실크로드 경제벨트에 편입시키는 한편 '아시아 교류 및 신뢰구축 회의'(CICA)를 중심으로 아시아 주도 안보질서를 촉구하고 나서자 미국의 재균형 전략도 중앙아시아 지역으로 확장되어 나갔다. 미국은 2015년 11월 우즈베키스탄 사마르칸트에서 중앙아시아 5개국과 미국이 참여하는 'C5+1 회의'를 출범시켰고, 2016년 8월에 2차 회의가 워싱턴에서 열렸다. 이후 'C5+1 외교 플랫폼'으로 발전하여 미국과 중앙아시아 간 대화와 협력의 창구로 매년 연례회의를 개최해 오고 있다.[113]

미국과 몽골의 안보협력도 강화되었다. 미국과 몽골은 2003년부터 다국적 평화유지 합동훈련('Khaan Quest')을 실시해 왔고, 이 '칸퀘스트'는 양국 간 군사협력의 기초가 되어 왔다. 이를 바탕으로 2014년 4월 양국은 안보방위협력을 강화하는 공동성명에 서명하였다. 이로써 미국은 중국과 러시아 사이에 위치하고 있는 몽골에 또 하나의 재균형 전초기지를 구축하였고, 몽골은 중국과 러시아에 대한 과도한 의존으로부터 벗어나려는 '제3의 이웃' 정책을 실현하고자 하였다.[114]

동북아시아로 돌아오면, 일본 아베(安倍晋三) 내각의 보수화 노선과 오바마 행정부의 재균형 전략이 맞물려 미일동맹이 더욱 강화되었다. 미일은 2015년 4월 '미일방위협력지침'(Guidelines for US-Japan Defense Cooperation)을 개정하고, 일본은 그해 9월 개정된 지침을 이행하기 위해 11개의 안보 관련 법률들을 제·개정하였다. 아베 내각은 '적극평화' 논리로 '집단자위권'을 용인하는 헌법 해석을 이끌어 내어 안보법제를 입법화시켰다. 이로써 일본 자위대의 해외활동 가능성이 강화되고 확대되었다.[115]

중국의 부상과 미국의 재균형이라는 인도·태평양의 전략적 상황에서 주한미군에 사드(THAAD)를 배치하는 문제가 역내의 민감한 안보 현안으로 부각되었다. 한국으로서는 사드가 점차 가시화되고 있는 북한의 핵·미사일 위협에 대한 한미동맹의 대응이라는 관점에서 결정할 사안이었지만, 중국으로서는 부상하는 중국에 대한 미국의 재균형 전략의 일환이고 미국의 미사일방어체계(MD)를 한반도로 확장하려는 전략적 의도로 보았기 때문에 한국의 사드 배치를 강경하게 반대했다.

〈그림 12〉는 오바마 행정부가 추진했던 재균형 전략의 주요지역과 내용을 지도 위에 표시한 것이다. 미국은 중앙아시아 5개국가와의 C5+1 회의를 제외하고는 주로 양자 간 협상의 방식으로 재균형 전략을 추진하였다. 재균형 전략은 주로 동맹강화, 방위안보협력 체결, 기지사용, 주둔병력 증강, 해상안보 능력강화, 군수상호지원, 무기금수 해제, 군사기술 공동개발과 공동생산 등으로 추진되었다. 재균형 전략의 핵심 정책의 하나가 '중국과의 안정적, 생산적, 건설적 관계 구축'이었지만, 아래 지도가 입증하듯이 재균형 전략의 최종결과는 중국에 대한 '포위전략'(encirclement)으로 귀결되었다. 요컨대 미국의 재균형 전략은 중국의 부상과 세력권 확장을 차단하거나 견제하기 위한 치밀하고 일관된 지정학적 전략으로 역내 세력균형을 복원하기 위한 중국 포위전략으로 추진되었다.

오바마 행정부는 지정학적 재균형과 더불어 경제적 재균형

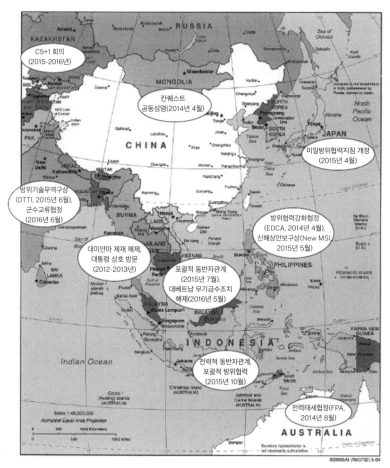

그림 12 미국 재균형 전략의 지정학
출처: 이호철(2017)

도 추진하였다. 오바마 행정부는 환태평양경제동반자협정(TPP)
을 주도하여 '아시아·태평양 회귀' 전략의 경제적 주축으로 세우
고자 했다. 2005년부터 싱가포르, 브루나이, 뉴질랜드, 칠레 등

환태평양 국가들이 진행하고 있던 자유무역 협정을 이어받아 협상을 진행했다. 협상이 진행되면서 호주, 베트남, 페루, 캐나다, 일본, 말레이시아, 멕시코가 추가로 참여하여 12개 국가로 확대되었다. 미국은 자유무역의 원칙과 영역을 확장하여 높은 수준의 자유무역협정으로 이끌었고, 동아시아 지역에서 중국과 아세안(ASEAN)이 주도하고 있던 역내포괄적경제동반자협정(RCEP)의 중간 수준의 자유무역협정과 차별화하고자 했다.

TPP 참가국들은 2015년 최종 합의를 도출했고 2016년 서명을 마쳤다. 미국을 포함하여 12개 환태평양 국가들이 참여하고 세계GDP의 40%를 차지하는 세계 최대 규모의 자유무역협정으로 출범할 예정이었다. 중국 주도의 RCEP보다 높은 수준의 무역자유화를 이루어 미국 주도의 자유무역 질서를 이끌어 갈 예정이었다. 미국은 아시아·태평양 지역에서 미국의 리더십을 확장하고 미국의 동맹관계를 강화하는 지정학적 효과도 기대했다.

그러나 TPP는 2016년 미국의 대선 과정에서 선거 쟁점으로 떠올랐다. 찬성하는 입장에서는 관세인하, 시장확대, 수출증대, 투자촉진, 물가하락, 고용촉진 등 긍정적인 효과와 더불어 2030년까지 미국의 GDP를 0.5% 끌어올리는 경제적 효과를 주장했다. 그러나 트럼프 후보자를 포함한 반대 입장에서는 제조업의 위축과 고용 축소, 무역적자 확대, 임금 하락, 환경과 노동 기준 저하, 환율조작 등의 문제를 제기했다.[116] 트럼프 대통령은 2017

년 1월 취임 첫날 TPP에서 탈퇴하였다. 트럼프 대통령은 다자주의 접근을 포기하고 중국과 직접 무역문제를 제기했고 무역전쟁을 벌였다. 미국이 빠진 TPP는 2018년 11개국으로 포괄적·점진적 환태평양경제동반자협정(CPTPP)으로 출범했다. 영국이 브렉시트(Brexit) 이후 2023년 추가로 가입하여 12개국으로 확대되었다. 흥미로운 점은 중국이 가입신청을 냈으나 2024년 CPTPP 집행위원회에서 보류되었다.

다른 한편, 아세안은 아세안과 양자 간 FTA를 맺고 있는 6개 국가들, 즉 중국, 일본, 한국, 인도, 호주, 뉴질랜드와 통합된 자유무역협정을 제안했고 2013년부터 협상이 시작되었다. 중국은 트럼프 행정부의 일방주의 정책에 맞서 자유무역의 수호자로서 이미지를 제고하고 역내 경제질서 재편을 주도한다는 관점에서 적극적으로 참여했다.[117] 중간에 인도가 탈퇴했고, 2020년 아세안 10개국과 비아세안 5개국은 협정에 서명하고 2022년부터 역내 포괄적경제동반자협정(RCEP)은 발효되었다.

RCEP은 인구, 무역규모, 총생산에서 세계의 30%를 차지하는 세계 최대 규모의 자유무역협정으로 출범했다. 관세인하, 서비스 무역, 전자상거래, 정부조달, 기술무역장벽, 원산지 규정 통합 등을 포함해서 자유무역의 원칙과 영역을 확장하고 심화시켰다. 그러나 CPTPP와 비교해서 중간 수준의 자유무역주의를 실현한 것으로 평가된다.[118] 오바마 행정부에서 TPP는 RCEP에 맞서 아시아·태평양 지역에서 미국 주도의 경제질서를 구축함으로써 일종의 경제적 재균형을 실현한다는 차원에서 추진되었으나 트럼프 행정부가 탈퇴함으로써 오바마 행정부의 경제적 재균형 전략은 실현되지 않았다. 이제 환태평양 지역과 동아시아 지역에서 미국이 참여하지 않는 두 개의 메가 자유무역협정이 출범한 것이다(〈그림 13〉 참조).

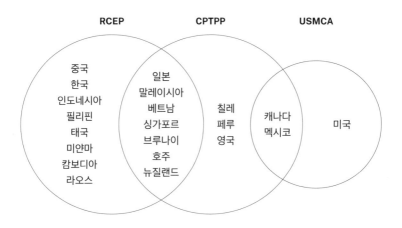

그림 13 아시아·태평양 지역 자유무역협정

미국의 아시아 재균형 전략은 트럼프 행정부 들어서 '인도·태평양 전략'으로 확장되었다. 중국의 부상에 따라 그 지리적 공간이 아시아·태평양에서 인도·태평양으로 확장된 것이다. 그러나 전략의 목표는 그대로 유지되었다. 즉 기본적으로 중국의 견제와 세력균형의 복원이었다. 트럼프 행정부에서 2017년 발간한

「국가안보전략」(National Security Strategy)에서는 '중국의 현상변경을 차단하고 유리한 세력균형을 유지한다'는 전략목표를 설정하고 있다. 트럼프 행정부의 국방부에서 2019년 발표한 「인도·태평양 전략 보고서」에서는 중국을 명시적으로 현상변경을 추구하는 '수정주의 국가'(revisionist state)로 규정하고 있다. 바이든 행정부도 큰 변화 없이 '인도·태평양 전략'을 승계했다. 바이든 행정부는 출범 직후 2021년 3월 발표한 「국가안보전략 잠정 지침」(Interim National Security Strategic Guidance)에서 '중국을 경제적, 외교적, 군사적, 기술적 역량을 결집하여 안정적이고 개방된 국제체계에 지속적인 도전을 가할 수 있는 유일한 전략적 경쟁국가'로 규정하였다.

트럼프 행정부 이후 미국은 인도·태평양 전략의 일환으로 가치와 규범을 공유하는 동맹과 파트너 국가들을 중심으로 전략적 협의체를 결성하여 중국을 포위·견제하는 전략을 확장하고 있다. 미국, 일본, 호주, 인도로 구성된 4자 안보협의체인 '쿼드'(QUAD)가 대표적이다. 트럼프 행정부가 2017년 부활시켰고 바이든 행정부가 정상급 협의체로 격상시켰다. 공식적으로 '자유롭고 개방적이며 포괄적인 인도·태평양에 대한 비전'의 실현을 표방한다. 실제적으로는 부상하고 있는 중국에 대한 견제를 공유하고 있다. 바이든 행정부는 또한 2021년 '오커스'(AUKUS) 3자 안보협의체를 출범시켰다. 미국, 호주, 영국이 참여하는 오커스는 인도·태평양 지역의 해양안보를 목적으로 하고, 호주가 핵 잠수함을 확보하도록 미국과 영국이 지원하기로 하였다. 중국은 '오커스가 핵확산 위험을 초래하고 군비경쟁을 유발할 것이며 지역의 평화와 안정을 해칠 것'이라는 이유로 강한 반대를 표명했다.[119] 전후 냉전 시기 미국과 영국이 시작했던 정보공유협의체에 캐나다, 호주, 뉴질랜드가 이후 추가로 가입하여 형성된 '파이브 아이즈'(the Five Eyes) 또한 이제 중국에 대한 정보공유를 목적으로 재가동되고 있다.

중국의 역균형 전략

미국의 재균형 전략과 인도·태평양 전략에 대한 중국의 대응은 미국의 포위망을 뚫고 경제적, 군사적 자원을 동원하여 중국과의 연결망을 전 세계로 확장하는 전략으로 나타났다. 이러한 중국의 대응전략은 재균형에 대한 '역균형'(counterbalancing) 전략으로 부를 수 있을 것이다. 중국의 역균형 전략은 두 가지 방향으로 전개되었다. 하나는 '일대일로'이고 다른 하나는 남중국해의 군사화이다.[120]

후진타오 주석이 2003년 말래카해협에서 중국 해상안보의 취약성을 우려하는 '말래카 딜레마'를 표명하면서 중국은 인도양에 소위 '진주 목걸이'를 구축하기 시작했다. 진주 목걸이는 미얀마의 시트웨, 방글라데시의 치타공, 스리랑카의 함반토타, 파키스탄의 그와다르를 연결, 이들 지역에 항만과 군수보급 시설을 건설하여 중국 해군이 남중국해에서 인도양을 거쳐 아라비아해에 이르기까지 원거리 장기 작전을 수행할 수 있게 함으로써 이 해역에서 중국의 해상안보를 강화한다는 것이었다.[121] 이와 더불어 미얀마의 서해안 짜욱퓨(Kyaukphyu)에서 중국의 윈난성 쿤밍에 이르는 송유관을 건설함으로써 벵골만에서 바로 원유를 하역할 수 있게 하였다. 이로써 원유 수송이 말래카해협을 통과하지 않을 뿐만 아니라 약 3,000km 정도의 운송거리도 단축할 수 있게 되었다. 말래카 딜레마를 해소하기 위한 전형적인 지정학적 전략이었다.

시진핑 지도부가 등장한 이후 진주 목걸이 전략은 '21세기 해상실크로드'(21世纪海上丝绸之路) 구상으로 흡수 통합되었다. 해상실크로드는 시진핑 주석이 2013년 10월 인도네시아 방문 중에 처음으로 제안하였다. 중동, 아프리카, 유럽과 태평양으로 진출하는 해상 교역로에 항만과 인프라 건설 네트워크를 구축하여 무역과 투자를 촉진시켜 공동발전을 이룬다는 구상이다. 이보다 앞선 2013년 9월에 시진핑 주석은 카자흐스탄 방문 중에 '실크로드 경제벨트'(丝绸之路经济带)를 발표하고 중국과 중앙아시아 국가들과의 경제협력을 확대하자고 제안하였다. 실크로드 경제벨트는 중앙아시아, 중동, 러시아를 거쳐 유럽으로 연결되는 운송 및 생산 인프라를 구축하여 무역투자를 촉진시키고 금융협력과 문화교류를 실현한다는 구상이다.

중국은 이러한 '일대일로' 구상을 추진하기 위해 2016년 1월 46개 창립회원국으로 아시아인프라투자은행(AIIB)을 출범시켰고 2024년 5월 기준 109개 회원국으로 늘어났다. 중국 정부는 이와 더불어 400억 달러 규모의 실크로드기금을 별도로 조성하였다. 중국 국무원의 '일대일로' 공식 홈페이지에는 '일대일로 건설을 통해 경제적 번영과 경제협력을 촉진시키고 상이한 문명들 간에 교류와 상호이해를 증진시켜 세계의 평화와 발전에 기여한다'는 야심 찬 목적을 제시하고 있다. 그리고 정책협의, 인프라 연결, 자유무역, 금융통합, 사람과 사람 간 연대 등 다섯 가지의 구체적 목표를 제시하고 있다.[122] 〈그림 14〉는 일대일로의 기본 구상을 보여준다. 2023년 기준 147개 국가, 세계인구의 3분의 2, 세계 GDP의 40% 정도가 일대일로 프로젝트에 참여하고 있거나 참여할 의향을 표시한 것으로 집계되고 있다.[123]

지경학을 지리적 관점에서 설계된 경제 성장전략으로 이해할 때 일대일로는 우선 거대한 지경학적 전략이다. 일대일로는 2008년 세계금융위기 이후 위축되기 시작한 중국 경제의 새로운 성장전략으로 제시되었다. 해외수출이 줄어들고 성장률이 둔화되는 '신상태'에 대응하기 위해 수출주도에서 수요창출로 성장전

그림 14 중국의 일대일로

출처: 『중앙일보』 2017년 3월 15일, http://news.joins.com/article/21370299#none

략을 전환하였고, 일대일로는 이러한 지경학적 관점에서 설계된
야심 찬 수요창출 성장전략이었다. 그동안 투자와 수출 중심의
중국식 성장모델이 불가피하게 야기한 과잉투자, 과잉설비, 과잉
생산을 해소하고 새로운 수출시장을 조성하는 성장전략인 것이
다. 중국에서 중앙아시아와 동남아시아를 거쳐 유럽까지 육로와
해상으로 인프라 건설로 연결하여 무역과 투자를 촉진시켜 성장

을 일으키는 수요창출 성장전략으로 제시된 것이다. 궁극적으로 일대일로를 통하여 중국과 아시아, 아프리카, 유럽을 잇는 지경학적 연결망을 실현하여 중국 중심의 새로운 경제질서를 구축하려는 것이다.

그러나 일대일로는 지경학적 성장전략 그 이상의 지정학적 대외전략을 내재하고 있다. 일대일로는 먼저 주변외교 강화라는 차원에서 중앙아시아와 동남아시아 지역에서 지리적 공간을 확보하면서 대장정을 시작한다. 2013년 9월 카자흐스탄에서 실크로드 경제벨트 구상을 제안하고, 10월 인도네시아에서 21세기 해상실크로드를 제안한다. 이어 시진핑 지도부는 '주변외교 공작좌담회'(周邊外交工作座談會)를 개최하고 '친(親), 성(誠), 혜(惠), 용(容)'의 새로운 주변외교 이념을 제시한다. 이는 주변국들과 호혜포용의 기반에서 우호친선을 강화한다는 것이다.

주변국 외교는 중국과 주변국가들이 하나의 '운명공동체'(命運共同體)라는 인식에 기초해서 강조된다. 친·선·혜·용의 외교이념으로 중국과 주변국들 간 운명공동체를 진전시켜 나가자는 것이다.[124] 시진핑 주석은 인도네시아 의회에서 해상실크로드를 제안하면서 '중국-아세안 운명공동체'를 함께 건설하자고 촉구했다.[125] 시진핑 주석은 또한 아시아 운명공동체론과 같은 맥락에서 '아시아 신안보관'을 제기한다. 2014년 5월 중국 상하이에서 열린 제4차 CICA 정상회의에서 시진핑 주석은 아시아 주도 안보질서를 촉구하였다. 이를 위해 공동안보, 종합안보, 협력안보, 지속가능한 안보로 이뤄지는 아시아 신안보관을 제안하였다.[126] 여기서 아시아 신안보관의 핵심은 아시아의 안보질서는 아시아 주도로 이뤄져야 한다는 것이다.

이처럼, 주변외교를 강화하고 중국이 주도하는 육상과 해상 실크로드에 중앙아시아와 동남아시아를 편입시킴으로써 '중국 중심의 경제질서'를 구축하고, 나아가 아시아 신안보론에 입각해서 '아시아 주도 안보질서'를 촉구함으로써 일대일로는 미국의 아시아 재균형 전략에 맞대응한다는 전략적 의도를 내재하고 있었던 것이다. 이런 관점에서 일대일로는 중국판 '마샬플랜'으로 볼 수도 있다.[127] 말하자면, 2011년 이후 아시아에서 구체화되기 시작한 오바마 행정부의 재균형 전략에 대한 '역균형 전략'의 일환인 셈이다. 중국의 부상에 대한 미국의 재균형 전략이 '중국포위'로 귀결되었고, 중국의 일대일로 전략은 서쪽과 남쪽으로 미국의 포위망을 뚫고 나가는 공세적인 지정학의 전개를 보이고 있기 때문이다(〈그림 14〉 참조). 중앙아시아와 동남아시아를 일대일로에 포함시켜 유럽까지 연결하는 거대한 프로젝트에 100여 개 이상의 국가와 국제기구가 참여하는 인프라 및 무역투자 네트워크를 구축함으로써 미국의 중국 포위전략을 뚫고 서진(西進)해 나가는 지정학적 전략이 깔려 있는 것이다.[128]

일대일로가 이면에 지정학적 전략을 깔고 있다는 점은 중국이 일대일로 지역에 군사력을 배치하고 군사시설을 구축하고 있다는 사실에서도 확인된다. 중국 국방부는 일대일로가 군사적 의도나 세력권 확장을 추구하지 않는다고 밝혔다.[129] 그러나 일대일로를 통해 중국의 국가이익이 전 세계로 확장되어 나가면 이를 군사적으로 보호해야 할 필요성이 당연히 생기게 된다. 중국은 일대일로의 일환으로 인도양의 중심에 위치한 함반토타항을 건설하였고, 스리랑카 정부가 부채를 상환하지 못하자 2017년에 99년간 이를 조차하였다. 미국은 함반토타항이 중국 해군의 군사기지로 사용될 것으로 보고 있다. 중국은 또한 2017년 아프리카 북동 끝에 위치한 지부티에 군사기지를 구축했다. 인도양을 거쳐 아덴만에 이르는 이 지역은 중국의 일대일로가 아프리카와 유럽으로 연결되는 전략적 요충지이다.

중국은 본토에서 남중국해, 말래카해협, 인도양으로 연결되는 해상운송로를 '생명선'으로 간주한다. 이 해역은 또한 중국의 해상실크로드가 펼쳐지는 지점들이다. 중국은 이 해역에 '전략지점'(战略支点)을 구축해서 해상운송의 생명선을 보호하고 해상실크로드 실현을 지원하는 전략을 추진하고 있다.[130] 생명선이 시작되는 서사군도의 싼사시, 남사군도, 그리고 생명선의 서쪽 지부티를 이미 전략지점으로 구축했다. 여기에 인도양 중심에 위치한 함반토타, 파키스탄의 과다르 등이 전략지점의 후보지로 예상된다.[131] 이들 전략지점은 중국 해군의 원거리 투사, 외해 작전, 보급과 정박을 지원하여 생명선과 해상실크로드를 보호할 것이다. 다른 한편, 인민해방군은 해외에서의 국가이익을 수호하기 위해 육상과 해상에서 작전을 수행할 수 있는 원정군의 역량을 갖추기 위한 준비에 박차를 가하고 있는 것으로 알려지고 있다.[132] 미국은 일대일로에 따른 중국의 해외 군사시설과 안보 공간의 확장이 미국의 원거리 투사능력, 해상운송로의 보호, 지역 안보질서, 미국 동맹의 방어 등에 위협이 될 수 있다고 인식하고 있다.[133]

남중국해의 재균형과 역균형

미국의 재균형 전략과 중국의 역균형 전략이 정면으로 충돌하고 있는 지역이 남중국해이다. 미중 간 군사적 충돌의 위험성이 상존하는 전형적인 지정학적 갈등이 전개되고 있다. 남중국해는 서태평양과 인도양을 연결하고 있고 한국, 일본, 중국의 해상운송량의 70% 이상이 이곳을 통과해야 하는 전략적 요충지이다. 중국은 미국의 포위망을 뚫고 이 지역을 군사화하여 태평양과 인도양으로 진출할 수 있는 전략적 거점을 구축하려는 것이고, 미국은 재균형 전략과 인도·태평양 전략을 통해 이러한 중국의 전략적 팽창을 차단하려는 목적이다.[134]

중국의 입장에서 남중국해의 해상안보를 확보하는 일은 핵심적 안보사안이다. 중국의 부상에 따른 해상 물동량의 대부분이 이곳을 통과하기 때문이다. 2015년 발표된 '중국의 군사전략' 백서에서도 '적극방어 전략지침'을 공개하고, 이를 위해 중국 해군의 임무를 '연안방어'에서 '외해보호'로까지 확장하고 있다.[135] 국방백서가 명시적으로 언급하고 있지는 않지만, 적어도 제1도련선(第一島链线)까지 해상안보를 확보하는 전략적 목표를 실현하고자 하는 것으로 보인다. 이는 〈그림 15〉에서 보듯이 2012년 중국 해군사령부가 작성해서 배포한 『중국해군군인수첩』에서도 확인할 수 있다. 제1도련선은 남중국해와 동중국해를 포함하고 있고, 따라서 중국은 이 지역에서 공세적 군사전략을 펼치고 있는 것이다.

다른 한편, 남중국해 동남부에 위치하고 있는 스프래틀리군도(Spratly Islands, 南沙群島)는 중국, 베트남, 필리핀, 말레이지아 등이 영유권을 주장하고 있고, 중국은 이들 중 9개의 암초를 점유하고 있다(〈그림 16〉 참조). 중국은 이들 암초들을 매립하여 인공섬으로 조성하고, 여기에 정박, 통신, 활주로 등 군사시설을 구축하면서 미국과의 긴장이 증폭되고 있다.[136] 중국의 인공섬 건설과 군사화 조치들은 무엇보다 먼저 중국의 영유권 주장을 강화하기 위한 조치이다. 이 지역에는 막대한 양의 석유와 천연가스가 매장되어 있는 것으로 추정되고 있다. 두 번째로 태평양과

그림 15 중국 해군 군인수첩의 도련선
출처: 中國 海 司令部 编(2012, 95), Erickson and Wuthnow(2016, 8)에서 재인용.

인도양으로 연결되는 남중국해의 전략적 요충지에 위치하고 있
는 남사군도에 인공섬과 군사시설들을 구축함으로써 중국해군
이 중국의 핵심 해상운송로를 보호하는 '외해보호'의 임무를 수
행하기 위한 전략이다. 그래야 시진핑 지도부가 야심차게 추진하

그림 16 남중국해 영유권 주장

출처: 이희정기자, 『세계타임즈』 2016년 7월 14일, https://m.thesegye.com/news/view/1065625
196882290

고 있는 21세기 해상실크로드가 구축될 수 있을 것이다. 세 번째
로는 미국의 아시아 재균형 전략에 대한 역균형 전략으로 이 지
역에서 증강되고 있는 미국의 군사력에 대응하는 군사적 전초기
지를 구축하고 제1도련선 이내의 해상안보를 확보하기 위한 전
략이다. 그래야 중국 해군력이 인도양뿐만 아니라 서태평양으로

까지 전개될 수 있기 때문이다.

미국은 2015년 10월부터 이 지역에 해군 구축함을 출항시켜 중국이 인공섬으로 조성한 암초 12해리 이내를 항해하는 '항행의 자유 작전'(Freedom of Navigation Operation)을 전개하고 있다. 이는 인공섬으로 조성하여 생성된 만조(滿潮) 노출 암초에는 12해리 접속수역을 인정하지 않는다는 무력시위이다. 미국의 입장에서는 남사군도를 포함하는 남중국해 해역에서 항행의 자유를 확보해야 재균형 전략에 필요한 군사작전들을 차질 없이 수행하고, 중국의 해군력이 인도양이나 서태평양으로 전개되는 것을 견제할 수 있을 것이다. 나아가 역내 동맹국들의 해상안보를 보호하고 베트남, 필리핀 등과의 군사협력을 강화할 수 있을 것이다.

다른 한편, 미중 간 재균형과 역균형의 지정학이 인도·태평양에서 전개됨에 따라 미국에 대한 타이완의 전략적 가치가 증대하고 있고, 따라서 타이완에 대한 미국의 군사적 지원 또한 비례적으로 증대하고 있다. 미중 간 지정학적 세력경쟁에서 타이완은 또 하나의 갈등의 중심이 되고 있다. 타이완에 대한 미국의 현상유지 정책과 중국의 현상변경 가능성이 충돌할 위험성이 커지고 있는 것이다. 2022년 8월 펠로시(Nancy Pelosi) 미국 하원 의장의 타이완 방문과 이에 대한 중국의 무력시위는 이러한 위험성을 단적으로 보여주는 것이었다. 같은 해 10월 중국공산당 20차 전국대표대회 개막연설에서 시진핑 주석은 '평화통일을 견지하겠지만 무력사용을 포기하지는 않을 것'이라는 강경 입장을 확인하였다.

인도·태평양에서 미국과 중국의 전략목표

중국에서는 시진핑 지도부의 등장으로 외교노선이 뚜렷하게 변화되었다. 덩샤오핑 이후 중국이 견지해오던 '도광양회'(韜光養晦) 외교노선은 떨치고 일어나 할 일은 다한다는 '분발유의'(奮發有为) 대국외교(大国外交) 노선으로 전환되었다. 이로써 지역 내 중국 중심 신질서를 구축하기 위한 적극적이고 공세적인 외교정책을 과감하게 추진해 왔다.[137] 시진핑 지도부는 전 지구적 차원에서 미국과의 세력전이는 진행 중이지만 동아시아 지역 차원에서 일본과의 세력전이는 완결되었다고 보고 지금까지 미국이 주도해 왔던 샌프란시스코조약 체제에 근거한 역내 지역질서를 변경하려는 목표를 추진하고 있다.[138] 따라서 시진핑 지도부가 비록 공식적으로 제시하지는 않지만 샌프란시스코조약 체제를 점진적으로 수정함으로써 지역우위 혹은 지역패권의 목표를 실현하고자 하는 것이다.[139]

2013년 6월 시진핑 주석이 미국을 방문하여 오바마 대통령에게 제안했던 '신형대국관계' 개념은 명시적이지는 않지만 중국의 이러한 전략적 의도를 내재하고 있었다. 신형대국관계의 핵심 내용은 '미중 간에 세력전이가 진행 중이고, 그러나 중국은 고대 아테네와 스파르타 간 펠로폰네소스 전쟁이나 과거의 세력전이의 경우에서처럼 미국과 전쟁을 하지 않을 것이고, 따라서 투키디데스 함정은 피할 수 있고 그렇게 되도록 미중은 노력해야 한다'는 것이다.[140] 따라서 신형대국관계가 핵심 개념으로 제시하고 있는 '불대항'(不对抗), '상호존중'(相互尊重), '합작공영'(合作共贏)의 인식을 기반으로 역내 변화된 세력판도를 고려해서 역내에서 중국의 전략적 핵심이익을 인정해줄 것을 요구하는 한편, 동등한 파트너로서 글로벌 쟁점들에 대해 미국과 기꺼이 협력하겠다는 의지를 담고 있었던 것이다.[141] 말하자면 시진핑 지도부의 중국은 역내에서 '지역 우위'(regional dominance)를, 세계적 차원에서 미국과의 '글로벌 균형'(global balance)을 전략적 목표로 제시했던 것이다.

그러나 미국의 패권전략은 결코 지역패권을 인정하지 않는다. 바로 이러한 이유로 미국은 중국의 부상으로 기울어지기 시작한 인도·태평양 지역의 세력분포를 재균형시키고자 하는 것이다. 위의 〈그림 12〉가 분명하게 보여주고 있듯이 중국을 둘러싸고 있는 주변 국가들에 대한 군사적, 외교적, 경제적 협력과 지원을 강화함으로써 중국의 부상을 견제하는 한편 중국의 부상으로 야기된 세력 불균형을 재균형화시키려는 전략적 목표를 실현하고자 하는 것이다. 요컨대 미국의 전략적 목표는 '지역 균형'(regional balance)을 복원하고 '글로벌 우위'(global dominance)를 유지하는 것이다.

미국의 '지역 균형'과 '글로벌 우위', 중국의 '지역 우위'와 '글로벌 균형'이라는 상충적인 전략적 목표가 인도·태평양 지역에서 전개되고 있는 미중 간 지정학적 세력정치의 핵심 쟁점이다. 인도·태평양 지역에서 부딪히고 있는 재균형과 역균형은 이러한 상충적인 전략목표로 인해 갈등과 충돌의 위험성이 매우 높다. 더불어 타이완의 전략적 가치가 더욱 높아질 수밖에 없고 따라서 타이완에 대한 미중 간 갈등도 커질 것이다. 미국의 오바마 행정부에서 시작된 아시아·태평양 재균형 전략은 트럼프 행정부에서 인도·태평양 전략으로 지리적 공간이 확장되었다. 바이든 행정부에서도 인도·태평양 전략과 전략적 목표는 큰 변화 없이 승계되어 진행되었다.

바이든 행정부에서 미중 간 '전략경쟁'은 공식화되었지만 이미 오바마 행정부의 재균형 전략과 중국의 역균형 전략이 인도·태평양 지역에서 부딪히면서 미중 간 전략경쟁은 시작되었다. 인도·태평양 지역에서 지정학적 세력경쟁으로 시작된 미중 간 전략경쟁은 트럼프 행정부에서 무역전쟁으로, 바이든 행정부에서 기술우위 경쟁과 경제안보 영역으로 확장되어 나갔다. 미중 간 힘의 관계에 기인하는 전략경쟁은 무역, 기술, 공급망 등을 포괄하는 전면적 경쟁관계로 확산되어 나갔다. 앞서 분석하였듯이 미중 간 전략경쟁은 적어도 2030년대 후반까지는 지속될 것이다.

미국과 중국은
서로를 어떻게 보고 있는가?

리더십, 상호인식, 전략, 국내정치 등 행위자 차원의 요인들은 구조적 차원에 따른 전략적 경쟁을 증폭시킬 수도 있고 완화시킬 수도 있다. 또한 행위자 차원 요인들은 과정의 국제정치를 촉진시킬 수도 있고 위축시킬 수도 있다. 행위자 차원의 요인들은 리더십 교체 주기에 따라서 다른 차원의 변수들에 비해 비교적 단기적 혹은 중기적 영향력을 미칠 것이다. 여기서는 미중의 공식 문건과 최고지도자의 연설을 분석하여 리더십, 상호인식, 전략, 국내정치를 중심으로 미중관계를 검토하기로 한다.

시진핑의 중국

"마지막으로, 중국의 부상이 동아시아 안보지형에 미칠 평화함수의 낙관적 결론은 다음과 같은 전제에 입각해 있다. 즉, 중국은 중국공산당의 계속 집권을 위해 경제성장과 사회안정이라는 온건한 목표를 향후에도 이삼십 년간 추구하고, 중국의 외교정책은 이러한 목표를 달성하기 위해 유리한 국제환경을 조성하는 데 맞춰질 것이라는 전제이다. 그러나 국가의 힘이 커지면 그 국가가 실현하고자 하는 목표 또한 커지는 것도 사실이다. 미래 몇십 년간 중국의 목표가 급속히 확장된다면 강대해진 중국의 평화함수 또한 새로 계산해야 할 것이다."[142]

위 인용은 2012년 출판된 *New Dynamics in East Asian Politics* 1장에 실린 필자의 논문 "China's Rise and East Asian Security"의 결론 마지막 단락이다. 중국의 부상이 동아시아 안보지형에 미칠 영향력을 분석하였다. 후진타오 지도부 후반기까지의 중국을 대상으로 국력, 경제적 상호의존, 국제제도, 리더십 차원에서 분석한 결과는 중국의 '평화적 부상'이라는 긍정적 결론이었다. 경제성장과 사회안정을 통해 중국공산당의 집권능력을 유지한다는 온건한 목표를 향후에도 상당 기간 계속 추진할 것이라는 전제하에서 내린 결론이었다.

위의 인용에서도 지적하고 있듯이, 국가의 힘의 커지면 그 국가의 목표 또한 커진다. 중국의 힘이 지속적으로 커진다면, 미래 어느 시점에서 중국이 추구하는 목표 또한 확장될 것이다. 위의 인용에서는 상당 기간 동안 '온건한 목표'를 추진할 것으로 전제하고 있다. 후진타오 시기까지 중국은 기본적으로 경제성장과 사회안정을 통한 중국공산당의 집권능력을 유지한다는 온건한 목표를 추진해 왔다. 중국의 대외전략 또한 이러한 목표를 실현하는 데 맞춰졌다. 기존의 국제질서를 수용하면서 최대한 활용하는 대외전략이었다. 수용과 협력의 대외전략에 따라 '책임 있는 대국' 혹은 '책임 있는 이해 당사국'으로 중국의 대외정체성을 만들어 왔다. 크게 보면 덩샤오핑의 '도광양회' 노선이 유지되어 왔다.[143]

그러나 시진핑 체제가 들어서면서 중국은 예상보다 빨리 훨씬 확장된 야심 찬 목표들을 내세웠다. 중화민족의 위대한 부흥을 실현한다는 '중국의 꿈', 중국의 핵심 이익을 전제로 미국과 대등한 협력관계를 제안했던 '신형대국관계', 당(唐)대의 육상 실크로드를 복원하고 21세기 해상실크로드를 구축함으로써 중국의 지정학적 공간을 확장한다는 '일대일로' 전략, 다극체계를 기반으로 하는 '신형국제관계'로의 전환을 주도, 남중국해의 군사화 및 해군력의 증강 등에 이르는 확장된 대담한 국가전략 목표들을 내세웠다. 시진핑 주석이 내세운 '중국특색의 대국외교' 노

선으로 확연하게 전환했다.[144]

시진핑은 2012년 11월 중국공산당 18차 당대회에서 총서기로 선출된 이후 한 연설에서 '중국의 꿈'을 제시했다.

"나는 굳게 믿습니다. 중국공산당 창당 100주년(2021년)에 소강사회 완성이라는 목표가 꼭 실현될 것입니다. 중국 건국 100주년 (2049년)에는 부강하고 민주적이며 문명화된 조화로운 사회주의 현대화 국가라는 목표가 실현되어 중화민족의 위대한 부흥의 꿈이 꼭 이뤄질 것입니다."[145]

여기서 시진핑 총서기는 '두 개의 백년 목표'를 설정하고 2049년까지 '중화민족의 위대한 부흥'이라는 '중국의 꿈'을 실현해야 한다는 의지를 밝혔다. 시진핑 총서기는 2017년 19차 당대회에서 2035년을 중간단계로 설정하고 이때까지 사회주의 현대화, 국방 및 군의 현대화를 실현하여 2049년까지 사회주의 현대화 강국, 세계 일류 군대를 실현한다는 장기 발전 로드맵을 제시했다.

시진핑 주석은 2014년 11월 정치국 상무위원, 당, 정, 군과 성, 직할시, 자치구의 주요 간부들이 참석한 '중앙외사공작회의'(中央外事工作会议)를 열고 여기서 그의 국제정치관을 피력하였다. 여기서 시진핑 주석은 '다극화'와 이에 따른 국제체계의 전환이라는 역사적 추세를 강조하였다. 중국은 국제질서의 본질에 대한 장기간의 투쟁을 거쳐 '신형국제관계'를 만들어낼 것이며, 다극화로의 추세는 변하지 않을 것이라고 역설하였다.[146] 2013년 미국을 방문하여 제안하였던 '신형대국관계'를 확장한 개념이다. 중국의 부상으로 국제체계는 미국 중심의 단극체계에서 다극화로의 구조적 변화를 거치고 있으며 이러한 추세는 변하지 않을 것이라는 시진핑 주석의 인식과 의지를 읽을 수 있다. 이러한 인식은 대다수의 중국 학자나 전문가들도 공유하고 있다.

미국과 무역전쟁이 치열하게 전개되고 있던 2019년 중화인민공화국 수립 70주년 기념식에서 시진핑 주석은 '어떤 세력도 중국과 중화민족의 부상을 막을 수 없을 것'이라고 역설하였다.[147] 미국이 중국의 부상을 방해하고 있다는 인식이다. 시진핑 주석이 3기 집권을 시작한 2023년 인민정치협상회의 연설에서 시진핑 주석은 '미국이 주도하는 서방 국가들이 중국을 봉쇄, 포위, 압박하여 국가발전에 중대한 장애가 되고 있다'고 했다.[148] 시진핑 주석이 미국을 어떻게 인식하고 있는지를 알 수 있는 발언이다.

시진핑 주석은 2021년, 2035년을 거쳐 2049년에 이르는 단계별 국가발전 목표를 설정하고 이를 달성함으로써 중화민족의 위대한 부흥이라는 중국의 꿈을 실현해야 한다는 강한 의지를 갖고 있다. 다극화의 불가피한 추세에 따라 이에 기반한 신형국제관계를 중국이 주도한다는 이론적 관점도 중국의 전문가들과 공유하고 있다. 2018년 2기 집권과 3기 집권을 향한 공세적 대외정책들이 트럼프 행정부의 무역전쟁과 부딪히면서 미중관계가 본격적인 전략경쟁으로 전개되자 시진핑 주석은 중국의 부상을 가로막는 미국이라는 인식을 공개적으로 표명하기 시작했다.

미국의 인식과 전략

미국의 백악관이나 국방부의 국가안보전략은 구조적 차원에서 진행되고 있는 미중 간 세력변동에 대한 전략적 인식에 근거하고 있다. 트럼프 행정부의 백악관에서 발표한 「국가안보전략」에서는 인도·태평양 지역에서의 세력균형이 불안정하다는 인식 하에 미국에 유리한 세력균형을 유지하는 한편 중국이 이 지역에서 세력우위를 차지하려는 현상변경을 차단한다는 전략적 목표를 설정했다.[149] 마찬가지로 2년 뒤인 2019년 트럼프 행정부의 국방부에서 발표한 「인도-태평양 전략 보고서」에서도 중국을 '단기적으로 인도·태평양 지역에서 세력우위를 추구하고 장기적으로 세계적 차원에서 세력우위를 추구하는 수정주의 국가'(revisionist power)로 규정했다. 특히 이 보고서는 중국의 군사력 증강에 주목한다. 장거리 투사력과 핵능력의 고도화, 사이버

공간, 우주, 전자전에서의 작전능력 제고, 중국 주변에 대한 접근을 차단하는 반접근·지역거부 능력의 증강, 남사군도에 대함 크루즈 미사일과 지대공 장거리 미사일을 배치하는 등 남사군도의 군사기지화, 센카쿠(조어도) 해역에 대한 감시 활동 강화 등을 지적하고, 이러한 중국의 군사적 행동은 '자유롭고 열린 인도·태평양 원칙'에 위배되는 행위로 명시하고 있다.[150]

바이든 행정부는 집권하자 곧바로 「잠정 국가안보전략 지침」을 발표하였다. 여기서 바이든 행정부는 세계적 차원에서의 세력분포가 변동하면서 새로운 위협이 제기되고 있다는 전략적 인식하에, 특히 중국을 경제적, 외교적, 군사적, 기술적 능력을 동원하여 안정적이고 개방된 국제체계에 지속적인 도전을 제기할 수 있는 유일한 '전략적 경쟁국가'(strategic competitor)로 규정하였다. 따라서 유리한 세력분포를 복원하여 적대세력들이 미국과 미국의 동맹국들을 위협하거나 국제 공공재에 대한 접근을 방해하거나 핵심 지역을 지배하려는 시도를 차단하여 강력한 민주주의 동맹, 파트너십, 다자기구와 규칙에 근거한 안정적이고 개방된 국제질서를 유지하는 것을 핵심 전략목표로 설정하고 있다.[151]

바이든 행정부는 2022년 「국가안보전략」에서 중국을 '유일한 전략적 경쟁국가'를 넘어 '유일한 경쟁국가'로 새로 규정하고 있다. 이는 미중 간 세력관계에 기인하는 전략적 차원뿐만 아니라 정치체제(민주국가 대 독재국가), 외교관계, 무역, 첨단기술, 공급망을 둘러싼 경제관계 등을 포괄하는 '전면적 경쟁관계'로 미중관계를 규정하는 것으로 이해할 수 있다. 다른 한편 2022년 「국가안보전략」에서는 인류가 직면하고 있는 전 세계적인 현안들, 세계경제, 기후변화, 보건안보 등에 대해서는 중국과 협력할 것이고 인류의 진보를 위해서 공동으로 기여하고 분담하면서 '평화적으로 공존'할 수 있을 것으로 보고 있다. 나아가 미중 간 경쟁에 대한 관련국들의 우려를 이해하고 있고, 미국은 '책임 있는 경쟁'을 펼칠 것이며 중국과 '갈등'이나 '신냉전'을 원치 않는다는 점을 분명히 하고 있다. 미국은 또한 할 수 있는 영역에서는 중국과 건설적인 관계를 만들어 나갈 것이라는 점도 분명히 하고 있다. 중국의 이익에 부합하도록 국제질서를 재편하려는 중국의 의도와 능력에 대해서는 '책임 있는 경쟁'을 펼쳐 이길 것이며, 글로벌 현안에 대해서는 협력하고 공존할 수 있다는 전략적 의도를 밝히고 있다.[152]

트럼프 행정부 이후 미국은 시진핑 지도부의 중국을 현상변경 수정주의 국가, 미국 주도의 국제질서에 도전할 수 있는 '유일한 경쟁국가'로 규정했다. 다른 한편, 글로벌 현안들에 대해서 그리고 가능한 영역에서 협력과 공존의 가능성 또한 열어 두었다.

미국과 중국의 국내정치

행위자 차원에서 국내정치적 요인 또한 미중 간 전략경쟁을 더욱 가열시켜 왔다. 시진핑 주석은 2023년 통상적인 2번의 주석직 임기가 만료되나 집권 2기를 시작했던 2018년에 임기제한을 폐지하는 개헌을 통해 장기집권이 가능하게 만들었다. 세 번째 집권으로 가는 길에 시진핑 지도부는 강경한 대미전략을 펼쳤다. 미국과 대등한 위상으로서의 중국이라는 이미지를 당 안팎으로 새기고 중화민족의 위대한 부흥이라는 '중국의 꿈'을 실현하는 강력한 리더십을 부각시키고자 했다. 2019년 12월 중국 우한에서 최초로 코로나19 환자가 발생하면서 중국 책임론이 확산되었다. 이후 중국은 소위 '전랑외교'를 펼치면서 공세적 방어에 나섰다. 이러한 시진핑 2기의 국내정치와 연계된 공세적 대외전략은 미중 간 전략경쟁을 증폭시켰다.

2기 시진핑 지도부의 공세적 대외전략은 트럼프 행정부의 '관세 폭탄'과 충돌하면서 미중 간 전략경쟁은 본격적으로 그리고 공개적으로 표출되기 시작했다. 'America First' 선거 캠페인은 일차적으로 중국의 대미 수출을 타겟으로 설정했다. 중국이 그동안 불공정한 무역관행으로 미국의 일자리와 소득을 부당하게 가져갔다는 인식의 결과였다. 트럼프 행정부가 시작한 미중간 무역전쟁은 선거에서 그를 지지한 유권자들에 대한 일종의 정치적 보상이었다. 미중 간 전략경쟁이 본격화되면서 '포용'의 대중정책 또한 폐기되기 시작했다.

바이든 행정부는 트럼프 행정부의 '미국 우선주의'에 대응하여 'America is back' 캠페인을 내세우고 글로벌 리더십을 복원하고자 하였다. 그러나 'America is back' 또한 중국을 타겟으로 설정하는 외교적 캠페인으로 기울었다. 중국의 중상주의적 통상정책과 권위주의적 국가주도 성장전략을 배격하고 민주주의와 인권의 보편적 규범과 자유주의 국제질서를 수호하기 위해서 광범한 반중국 연대를 결성하는 데 주력하였다. QUAD, AUKUS, '민주주의 정상회의' 등이 이러한 차원에서 출범하였다. 바이든 행정부는 「국가안보전략」에서도 명시하고 있듯이 미중 간 경쟁의 한 측면을 민주주의에 대한 권위주의 체제의 도전으로 인식하고 있다.[153] 중국은 민주주의가 미국식 '코카콜라'는 아니라고 맞받고 있다.[154] 중국과 마찬가지로 미국의 국내정치 또한 미중 간 전략경쟁을 증폭시키고 있다. 중국과 미국 모두 내부 결집이나 유권자 결집을 위해 상대국을 활용함으로써 전략경쟁을 가열시키고 있는 것이다.

행위자 차원에서 미중관계

미중 간 전략경쟁은 리더십의 인식과 전략 때문에 시작된 것일까? 이코노미(Elizabeth Economy)는 행위자 차원에서 시진핑 지도부가 공세적 대외전략을 추진하면서 미중 간 전략경쟁이 시작되었다고 본다.[155] 그러나 미중 간 전략경쟁은 이미 오바마 행정부의 '재균형 전략'에서부터 시작되었고, 시진핑 2기와 트럼프 행정부가 부딪히면서 공개적으로 표출되기 시작했다. 전략경쟁은 구조적 차원에서 진행되고 있는 미중 간 세력변동에 기인한다. 미국의 백악관이나 국방부의 안보전략 보고서는 인도·태평양 지역에서 기울어지기 시작한 세력 불균형에서 전략경쟁의 원인을 찾고 있다. 중국의 시진핑 지도부나 전문가들 또한 전략경쟁의 원인을 국제체계의 구조적 변화와 이에 대한 미국의 대립적 전략 때문으로 본다.[156]

미중 간 세력변동에 기인하는 전략경쟁은 리더십의 인식과 전략 그리고 외교와 대화채널을 통해 증폭되거나 완화될 수 있을 것이다. 그러나 현재 국면에서 행위자 차원의 변수들은 미중 간 세력변동에 기인하는 전략경쟁을 완화시킬 것으로 보이지 않는다. 오히려 전략경쟁을 가열시키거나 증폭시킬 가능성이 커 보인다. 중국의 부상을 가로막는 미국, 현상변경을 시도하는 수정주의 국가라는 상호인식은 양립하기 어렵다. 미국의 재균형 전략과 중국의 역균형 전략이 특히 인도·태평양 지역에서 부딪히고 있다. 여기에 미국과 중국의 국내정치적 요인 또한 단기 혹은 중기에 걸쳐 미중관계에 부정적 영향을 미칠 가능성이 크다. 시진핑 2기 지도부는 3기 집권을 향해 공세적인 대외전략을 밀어붙였다. 2020년 트럼프와 바이든 대선 경쟁에서와 마찬가지로 2024년 해리스와 트럼프 대선 경쟁에서도 '중국 때리기'는 양측에서 경쟁적으로 제기되었다. 워싱턴에서 초당적으로 확산된 반중국 정서는 미중관계 진전에 상당 기간 장애요인으로 작용할 것으로 보인다. 행위자 차원에서 미중관계는 전략경쟁을 증폭시켜 '전면적 경쟁관계'로 확산되었다. 그러나 동시에 글로벌 현안들에 대해 미중 간 '협력과 공존'의 가능성 또한 열려 있다.

3기 시진핑 체제는 미국의 다음 행정부와 2028년까지 재임기간이 거의 겹친다. 시진핑 체제는 강경한 대미전략을 계속해야 할 국내정치적 필요성이 완화될 수도 있을 것이다. 침체된 중국 경제의 성장동력을 회복하기 위해서도 미국과의 경제협력은 절실할 것이다. 미국의 트럼프 2기 행정부는 바이든 행정부에서 진행하였던 미중 간 대화채널을 복원하고 제도화하여 미중 간 전략경쟁을 책임 있게 관리하는 시스템을 구축할 필요가 있다. 무엇보다 양립불가 상호인식, 인도·태평양에서의 전략충돌을 해소해야 한다. 전략경쟁을 관리하여 경쟁이 갈등이나 적대관계로 악화되는 것을 예방하고 경쟁과 협력의 관계로 진전될 수 있도록 하는 데 중국과 미국의 리더십은 주력해야 한다. 바이든 행정부의 「국가안보전략」은 중국과 '책임 있는 경쟁'을 할 것이며, 세계경제, 기후변화, 보건안보 등 인류의 진보를 위해 미국과 중국이 협력한다면 평화적 공존도 가능할 것이라고 밝혔다.

중국의 왕이 외교부장이 2021년 4월 미국 외교협회(Council on Foreign Relations)와 대담에서 인용한 나이(Joseph Nye) 교수의 지적은 미국에 대해서뿐만 아니라 중국에도 필요한 지침이 될 것이다.

"미국의 자만심은 늘 위험 요인이지만, 과장된 두려움 또한 위험 요인이다. 과장된 두려움은 과잉반응을 초래할 수 있다. 중국의 민족주의도 마찬가지로 위험 요인이다. 중국의 민족주의가 미국의 쇠퇴라는 믿음과 결합하게 되면 중국은 무모한 도전을 감행할 수도 있을 것이다. 미중은 모두 계산 착오에 유의해야 한다."[157]

미중관계의 외교

미중관계에서 '과정의 국제정치'는 공식적·비공식적 대화채널을 통한 외교가 그 핵심이다. 외교는 양국 간 갈등을 해결하고 협력을 촉진하기 위한 가장 기본적인 과정이다. 과정의 국제정치가 제대로 작동한다면 행위자 차원에서 상대방에 대한 적대적 인식이나 구조 차원에서 전개되는 치열한 세력경쟁을 완화시킬 수 있을 것이다. 1960년대 말과 1970년대 초에 마오쩌둥과 닉슨은 비밀 대화채널을 통해 양국 간 화해를 모색했고 핑퐁외교를 계기로 관계정상화를 위한 협상의 외교를 시작하였다. 그 결과 엄혹한 냉전의 절정기에 그리고 문화혁명의 혼돈 속에서 새로운 미중관계를 열었다.

미중 화해와 상하이공동성명

1949년 중화인민공화국이 수립된 이후 30년 동안 미국은 타이완의 중화민국을 중국의 유일한 합법적 정부로 인정하였고 북경의 중화인민공화국과는 어떠한 외교관계도 맺지 않았다. 그러나 1960년대 말에서 1970년대 초 들어 중화인민공화국과 미국은 상호 화해를 모색하기 시작하였다. 미국은 냉전의 전략적 관리와 확전되고 있던 베트남전쟁에서 중국의 역할을 기대했고, 중국은 중소분쟁이 깊어지면서 미국과의 화해가 필요하였다. 1955년 미중 간 대사급 대화가 시작되어 간헐적으로 개최되었으나 중단되어 있던 것을 미중은 1969년 재개하기로 합의했다. 더 중요한 점은 닉슨 대통령이 국무부를 배제하고 중국 지도부와 소통할 파키스탄 채널을 비밀리에 구축한 것이었다.[158]

1970년 말 양국 간 화해는 빠르게 진행되었다. 중국 정부는 파키스탄 채널을 통해 관계개선을 위한 고위급 회담을 미국에 표명했다. 12월에는 마오쩌둥이 직접 스노우(Edgar Snow) 미국 기자에게 닉슨 대통령의 북경 방문을 희망한다는 메시지를 워싱턴에 전달하도록 하였다.[159] 1971년 닉슨 대통령은 미국인의 중국 방문을 제한하는 조치들을 없앴다. 1971년 4월 일본 나고야에서 열렸던 세계탁구선수권대회에서 미국과 중국 탁구팀의 우연한 조우를 계기로 중국은 미국 탁구팀을 중국으로 초청하면서 '핑퐁외교'가 연출되었다. 핑퐁외교는 미중 관계정상화를 위한 외교협상의 대외적 명분을 제공하였다. 이후 키신저(Henry Kissinger) 안보보좌관은 관계정상화를 협의하기 위해 중국을 두 차례 방문하였고, 1971년 10월 두 번째 방문 중에 유엔에서는 미국의 지지하에 타이완의 중화민국이 대표하던 중국을 중화인민공화국으로 대체하였다. 관계정상화를 위한 신뢰구축이 이뤄진 셈이다. 1972년 2월 닉슨 대통령은 중국을 방문하였고 27일 미국과 중국은 「상하이공동성명」을 발표하였다.

「상하이공동성명」에서 미중은 관계정상화와 이를 위한 타이

그림 17 1972년 2월 21일 베이징에서 처음으로 만나는 마오쩌둥 주석과 닉슨 대통령
출처: 닉슨 대통령 도서관, https://history.state.gov/milestones/1969-1976/rapprochement-china

완 문제에 대한 합의를 공개하였다. 미중은 중화인민공화국이 중국의 유일한 합법적 정부이며, 타이완은 중국의 일부이고, 타이완에 주둔하고 있던 미군과 미군의 군사시설을 철수시킨다는 합의를 발표하였다.[160] 미국은 더불어 타이완 문제는 평화적으로 해결되어야 한다는 입장을 공동성명에 포함시켰다. 미중 관계정상화에 최대의 난관이었던 타이완 문제에 대해 미중은 '하나의 중국'이라는 대원칙에 합의한 것이다. 「상하이공동성명」으로 미소 간 냉전에는 구조적 격변이 일어났고 이후 냉전종식의 한 요인이 되었다. 또한 미국의 중국정책은 적대적 봉쇄에서 대중포용으로 전환되었다.

미중 외교관계 수립에 관한 1979년 공동성명과 미국의 타이완 관계법

1972년 역사적인 상하이공동성명에도 불구하고 미중 관계정상화는 곧바로 이행되지 못하였다. 미국에서는 닉슨 대통령이 중국에서 귀국한 지 얼마 되지 않아 워터게이트 사건이 터졌고 결국 1974년 닉슨 대통령이 사임하는 일이 벌어졌다. 후임 포드 대통령 시기에는 1975년 사이공이 함락되었고, 1977년 이후 지미 카터 행정부에서는 중국과의 관계정상화가 최우선의 의제에서 밀려나 있었다. 더구나 상하이공동성명 이후 타이완 문제에 대해 미국 동맹정책의 신뢰성을 회복해야 하는 외교적 필요성이 대두되었다. 중국에서는 문화혁명 4인방의 마오 후계를 둘러싼 권력투쟁이 있었고, 1976년 마오쩌둥 주석이 사망하고 1978년 덩샤오핑이 결국 최고지도자로 부상하게 되는 후계자 투쟁 과정이 있었다.[161]

덩샤오핑은 1978년 12월 중국공산당 11기 3중전회에서 개혁개방을 통한 경제발전을 새로운 국가발전전략으로 제시한 이후 바로 다음 해 1월 말 미국을 방문하였다. 덩샤오핑은 중단된 미중 관계정상화를 마무리지어 개혁개방의 동력으로 삼고자 하였다. 미국으로서는 여전히 냉전의 절정기에서 중국과의 관계정상화는 대소 냉전전략에 획기적 전환이 될 것으로 판단하였다.[162] 덩샤오핑 부총리와 지미 카터 대통령은 1979년 1월 양국 간 외교관계 수립에 관한 공동성명을 발표하였다.

「1979년 외교관계 수립에 관한 공동성명」에서 미중 양국은 1979년 1월 1일자로 외교관계를 수립하기로 합의하고, 미국은 중화인민공화국이 중국의 유일한 합법적 정부임을 인정하고, 이러한 조건하에서 미국 시민은 타이완 시민과 문화, 상업, 기타 분야에서 비공식적 관계를 유지하며, 상하이공동성명에서 합의했던 '하나의 중국'과 '타이완은 중국의 일부'라는 원칙을 재확인하였다.

그림 18 1979년 1월 31일 중국의 덩샤오핑 부총리와 미국의 지미 카터 대통령이 외교관계 수립에 관한 공동성명에 서명하고 있다.

출처: 지미 카터 센터, https://www.cartercenter.org/news/features/p/china/40-anniversary-china-relations.html

미중 외교관계 수립에 관한 공동성명과 동시에 미국 의회는 「타이완 관계법」(Taiwan Relations Act)을 제정하고 공표하였다. 1954년 체결된 「중미상호방위조약」을 무효화시키고 1979년 1월 1일자로 타이완 관계법을 발효시켰다. 이 법은 미국이 중화인민 공화국과 외교관계를 수립하기로 결정한 것은 타이완의 미래는 평화적으로 결정될 것이라는 기대에 기초해 있다는 점을 명시하고, 미국은 타이완에 방어용 무기를 제공할 것이며, 타이완 시민의 안전과 사회·경제체제를 위협하는 어떠한 형태의 힘이나 강압에 대응하기 위한 능력을 유지한다는 점을 규정하고 있다. 미국은 북경과 외교관계 수립과 동시에 타이완 관계법을 제정하여 방어용 무기 제공과 타이완 보호를 분명히 함으로써 동맹의 '방기'(abondonment)에 대한 국제적 우려를 해소하고자 하였다.

타이완 무기판매에 관한 1982년 미중 공동성명과 6항 보증

「타이완 무기판매에 관한 1982년 미중 공동성명」에서 미국과 중국은 외교관계 수립을 위한 협상에서 타이완에 대한 미국의 무기판매 문제가 해결되지 않았음을 인정하고, 이 문제가 미중관계 발전에 중대한 사안으로 몇 차례 협의가 있었음을 밝혔다. 공동성명에서 미국 정부는 타이완에 대한 무기판매를 장기 정책으로 추진하지 않을 것이고, 타이완에 대한 무기판매는 질적, 양적 면에서 미중 간 외교관계 수립 이후 몇 년간 제공된 수준을 넘지 않을 것이며, 최종 해결에 이르는 일정 기간 동안 타이완에 대한 무기판매를 점진적으로 줄여나갈 것이라는 점을 명시하였다. 더불어 일정 기간 안에 미국의 타이완 무기판매 문제의 최종 해결을 달성하기 위해 양국 정부는 필요한 조치를 취하고 조건을 만들어 내는 데 모든 노력을 다하기로 하였다.

1982년 공동성명에서도 타이완 무기판매 문제에 대해 확정적인 결론에 이르지는 못했다. 미국은 타이완에 무기판매를 계속할 것임을 분명히 했고, 타이완 해협에서 중국의 평화 노력에 따라 무기판매는 변경될 수 있을 것이라고 했다. 공동성명 발표 직후 미국은 타이완에 「6항 보증」(the Six Assurances)을 전달하였다. 여기서 미국은 다음과 같은 내용들을 타이완에 분명히 했다.

첫째, 미국은 타이완에 대한 무기판매를 종료하는 날짜를 정하는 데 합의하지 않았다. 둘째, 미국은 타이완에 대한 무기판매에 대해 중국과 협의한다고 합의하지 않았다. 셋째, 미국은 타이베이와 베이징 간에 중재 역할을 하지 않을 것이다. 넷째, 미국은 「타이완 관계법」을 개정하기로 합의하지 않았다. 다섯째, 미국은 타이완의 주권에 대한 입장을 변경하지 않았다. 여섯째, 미국은 타이완이 중국과 협상에 들어가도록 압력을 행사하지 않을 것이다.

「관계정상화에 관한 1972년 상하이공동성명」, 「외교관계 수립에 관한 1979년 공동성명」, 「타이완에 대한 무기판매에 관한 1982년 공동성명」은 미중관계의 공식적 기반이 되는 외교적 성과이고, 「타이완 관계법」과 「6항 보증」은 미국 국내정치의 결과이다. 물론 중국은 타이완 관계법과 6항 보증이 미중 간 세 개의 공동성명에 위배되는 것이고, 미국이 중국의 국내문제에 부당하게 개입하는 것으로 간주한다.[163] 그럼에도 불구하고 이들 문건

들은 미중관계와 타이완 문제를 규정하는 외교적, 공식적 기반이
되고 있다.

위기와 외교

1989년 봄 민주화 개혁을 주도했던 후야오방(胡耀邦) 전 총
서기가 사망하자 그를 추모하는 학생들을 중심으로 민주화를 요
구하는 천안문 사태가 발생했다. 덩샤오핑과 당 지도부는 미국과
서방의 '화평연변'(和平演变) 전략으로 시위가 일어난 것으로 인
식했고,[164] 시위대에 등장한 자유의 여신상은 이러한 인식을 확
신시켰다. 더구나 당시 소련과 동유럽 사회주의 국가들은 체제
붕괴의 위기에 빠져 있었다. 덩샤오핑은 무력으로 시위를 진압
했고 수백 명의 민간인이 사망했다.[165] 미국은 중국의 무력 진압
을 이유로 외교적, 경제적 제재를 가했다. 고위급 대화 중단, 무
역 확대 중단, 군사장비 수출 중단, 세계은행과 아시아개발은행
(ADB)의 대중국 차관 중단 등의 제재가 포함되었다. 그러나 당시
부시 행정부는 중국에 제재 부과를 통보하고 양해를 구했으며
비밀리에 특사를 파견했다. 미국과 중국은 외교와 정상 간 소통
을 통해 미중관계의 잠재적 위기를 차단하고 관리한 것이다.
　타이완 해협은 언제든 미중관계를 폭파시킬 수 있는 불씨이

다. 국공내전에서 국민당군은 내전이 끝나갈 무렵 타이완을 비롯해서 저장성 앞바다의 섬이나 푸젠성 바로 앞 진먼도(金門島) 등으로 밀려나 있었다. 한국전쟁이 발발하자 트루먼 행정부는 7함대를 타이완 해협에 주둔시켜 양안의 군사적 활동을 억제하고 있었다. 1953년 미국의 아이젠하워 행정부가 타이완 해협의 7함대를 철수시키자 타이완의 중화민국은 1954년 샤먼 코앞 진먼도와 닝더 앞바다 마쭈섬(馬祖島)에 주둔 병력을 증강시키고 요새화를 시작했다. 중국은 이에 대항하여 마쭈섬과 저장성 앞바다의 다천열도(大陳列島)를 공격해서 다천열도를 점령했다. 미국 7함대는 다천열도 철수를 지원했다. 1955년 미국은 핵무기 사용 가능성을 공개하며 중국을 압박했다. 중국은 외교적 협상을 제안했고 제네바 합의로 미중 간 위기는 종식되었다. 1차 타이완 해협 위기였다. 1954년 12월 미국과 중화민국은 상호방위조약을 체결하고 타이완에 미군을 주둔시켰다.

2차 타이완 해협 위기는 1958년 중국이 진먼도를 포격하면서 시작되었다. 전투는 육상과 해상, 공중에서 벌어졌고 미국은 직접 전투에 개입하지는 않았으나 7함대를 파견하여 군사지원을 제공했다. 중국의 진먼도 점령은 성공하지 못했다. 포격전은 이후에도 간헐적으로 일어났고, 1981년 덩샤오핑이 타이완에 대한 무력사용을 중단하면서 완전히 끝났다. 두 번의 타이완 해협 위기는 냉전 기간 미국의 중국 봉쇄전략 속에서 일어났다.

1996년 발생한 3차 타이완 해협 위기는 포용의 미중관계하에서 일어났다. 리덩후이 총통은 직접선거를 수용하여 타이완의 민주화를 진전시키는 한편 타이완의 외교관계를 확장하는 등 강경한 대중정책을 주진했다. 1995년 리덩후이 총통은 미국 의회의 결의로 비자를 발급받아 미국을 방문했다. 중국은 이를 '하나의 중국'에 대한 부정으로 보고 1996년 타이완 해역에서 무력시위를 벌였다. 타이완의 두 항구 도시 가오슝(高雄)과 지룽(基隆) 인근 해역으로 미사일을 발사하고 상륙훈련을 전개하는 한편, 푸젠성에 병력을 집결시켰다. 타이완 전역에 준전시태세가 선포되고 진먼도에는 전쟁대비태세가 발령되었다. 미국은 인디펜던스와 니미츠 두 항모전단을 타이완 인근으로 급파하고 니미츠 항모는 타이완 해협을 통과하는 무력시위를 전개했다. 중국은 타이완에 대한 무력시위를 통해 리덩후이 재선을 막고자 했지만, 타이완 유권자들에게 공포보다 분노를 키웠고 리덩후이는 압도적으로 재선되었다. 이후 클린턴 대통령이 '하나의 중국' 원칙을 재확인함으로써 미중관계는 안정을 되찾았다.

1998년 유고슬라비아 연방의 코소보가 독립을 추구하면서 코소보 전쟁이 발발했다. 유고 연방의 밀로셰비치 대통령은 코소보 지역의 다수인 알바니아인들에 대한 비인도적 억압과 학살로 소위 '인종청소'를 자행하여 국제사회를 놀라게 했다. 미국의 주도로 NATO가 무력사용을 결의하고 1999년부터 유고 연방 세르

비아에 대한 대규모 공습에 나섰다. 이 과정에서 1999년 5월 미국이 베오그라드 주재 중국대사관을 폭격하는 사건이 발생했다. 대사관에 주재 중이던 중국 기자 3명이 사망하고 21명의 대사관 직원들이 부상당하고 대사관 건물이 심각하게 파괴되었다.[166]

중국은 즉각 비난성명을 발표했고 중국 전역에서 반미시위가 일어났다. 미국의 대사관과 영사관들이 시위대에 공격받고 훼손되었다. 당시 후진타오 부주석은 TV 방송에서 애국주의 시위를 보호할 것이라고 언급하기도 했다. 중국 정부는 오폭사건 직전인 1999년 4월 루룽지 총리가 미국을 방문하여 오랫동안 끌어온 중국의 WTO 가입 협상이 마무리되길 기대했으나 연내 타결한다는 공동성명만으로 돌아온 데 대한 불만도 가세한 것으로 보인다. 클린턴 대통령은 사건 직후 여러 차례 사과했고 장쩌민 주석과 전화 통화를 통해 공식적으로도 사과했다.[167] 국무차관을 특사로 보내 미국의 자체 조사결과를 중국에 전달했다. 잘못된 목표설정으로 인한 오폭이었다는 결론을 설명했다.[168] 이후 양국 간 피해보상에 관한 두 차례의 협상이 합의에 이르면서 중국 대사관 오폭사건은 종결되어 갔다.

세 번의 타이완 해협 위기에서는 타이완과 중국 간 무력충돌 혹은 무력시위가 있었고 미국의 군사력도 동원되었다. 그러나 미중 간 외교채널을 가동하고 최고지도자 간 소통을 통해 미중 간 직접적인 군사충돌을 막을 수 있었다. 천안문 사태와 중국 대사관 오폭사건으로 인한 미중관계의 긴장도 특사 파견, 정상 간 대화를 통해 사태 악화를 차단하고 미중관계를 관리할 수 있었다.

미중관계 진전을 위한 외교

트럼프 행정부 이전까지는 미중 간에 다양한 형태의 대화와 소통의 채널이 구축되어 정기적으로 회의를 개최하고 안보와 경제를 중심으로 현안들을 논의해 왔다. 2005년 후진타오 주석의 요청으로 '미중 간 고위급 대화'(the US-China Senior Dialogue)가 설치되었고, 다음 해에는 '미중 간 전략경제 대화'(the US-China Strategic Economic Dialogue)가 추가 개설되었다. 부시 행정부 기간 동안 6번의 전략대화와 5번의 경제협력대화가 개최되었다. 2009년 오바마 행정부에서는 이 두 개의 대화채널을 '미중 전략경제 대화'(S&ED)로 통합하고 연례 회의로 개최하였다. 2009년에는 150여 명의 중국 S&ED 대표단이 워싱턴을 방문하였고, 2010년에는 200여 명의 미국 S&ED 대표단이 북경을 방문하였다. 이후 매년 정기적으로 개최하였다.

트럼프 대통령과 시진핑 주석은 2017년 4월 플로리다 마라라고(Mar-a-Largo)에서 열린 첫 정상회담에서 대화채널 개설에 합의하였다. 미중은 외교안보 대화, 포괄적 경제 대화, 법집행·

사이버안보 대화, 사회·문화 대화 등 4개의 대화채널로 세분하였다. 외교안보 대화는 2017년과 2018년 두 차례 열리고 중단되었다. 다른 세 개의 대화채널은 2017년 한 차례씩 개최되고는 중단되었다. 2018년 트럼프 행정부는 중국과 무역전쟁을 시작했고, 2번째 임기에 들어선 시진핑 지도부는 남중국해 군사화, 러시아와의 군사협력 등 공세적 외교정책을 펼치면서 닉슨-키신저 이니셔티브로 시작된 중국 포용정책의 무용론이 미국 정계 전반에서 광범하게 확산되었기 때문이다. 트럼프 대통령과 시진핑 주석은 2017년 상호 방문, 2018년 G20이 개최되었던 아르헨티나 부에노스 아이레스, 2019년 G20이 개최되었던 일본 오사카에서의 정상회담을 포함하여 네 차례의 정상회담을 가졌으나 '경쟁과 갈등의 미중관계'를 진전시키지 못하였다.

민주당 바이든 행정부의 중국정책도 트럼프 시기의 중국견제에서 크게 벗어나지 않았다. 2022년부터 시진핑 주석의 3기 집권이 본격화되면서 대중포용의 무용론은 오히려 확산되는 분위기였다. 2021년 3월 바이든 행정부 들어 미중 고위급 회담이 3년 만에 처음으로 알래스카 앵커리지에서 개최되었다. 이 고위급 회담은 중국의 전랑외교와 미국의 포용 무용론이 부딪히는 양상이었다. 무역, 홍콩 문제, 코로나 19 책임, 신장 위구르 인권문제 등에 대해 언론 취재진 앞에서 거친 상호 비방이 오갔다. 다행스러운 점은 그해 개최된 시진핑 주석과 바이든 대통령의 화상 정상회의, 2022년 발리 G20에서 열린 양국 정상회의, 그리고 2023년 샌프란시스코 APEC회의에서 열린 정상회의를 거치면서 미국과 중국은 전략경쟁의 '책임 있는 관리'의 필요성을 공감하기 시작한 것이다.

2023년 11월 샌프란시스코 정상회의는 미중 전략경쟁을 관리하기 위한 상당한 진전을 이룬 것으로 평가할 수 있다. 무엇보다 양국 간 군과 군 대화를 재개하기로 합의하였고, 2024년에 미중 국방장관 대화가 화상회의 형식으로 그리고 싱가포르 상그릴라 대화에서 진행되었다. 그리고 미중 간에 대략 12개 정도의 실무그룹들이 구성되어 다양한 의제들을 놓고 협의가 진행 중이다. 이들 실무그룹들은 트럼프 행정부 이전처럼 미중 대화채널을 복원하여 제도화시킬 필요가 있다. 미국 전략국제연구센터(CSIS)의 케네디(Scott Kennedy)가 제시하듯이 복원된 대화채널을 통해서 안보, 무역, 기술, 기후변화, AI 등 미중 간 현안들을 협의함으로써 잠재적 갈등을 관리할 필요가 있다.[169] 그럼으로써 미중관계를 '갈등으로 전화되지 않는 경쟁관계' 그리고 '경쟁과 협력의 관계'로 전환시켜 나가야 한다.

무역은 미중관계에
평화를 가져올 것인가?

몽테스키외(Charles De Montesquieu)는 그의 저서 『법의 정신』(1748년)에서 '무역은 평화를 가져온다'고 했다. 교역국은 상호이익을 공유하고 그 결과 상호의존하게 되기 때문이라고 했다. 수출이건 수입이건 비교우위에 따른 경제적 이득이 발생한다는 것은 이미 오래전 리카도(David Ricardo)가 이론적으로 규명한 사실이다. 그러나 이러한 무역의 경제적 이득이 무조건적인 평화효과를 가져오는 것은 아니다. 만약 두 교역국이 치열한 세력경쟁 하에 있고, 무역으로 발생하는 상대적 이득의 격차가 장기간에 걸쳐 매우 크고, 이로 인한 상대국의 경제적 이득이 군비증강에 기여할 경우 무역의 평화효과는 매우 제한적이거나 상실될 수도 있다. 그렇다면 미중관계에서 무역은 평화에 기여할 것인가?

미중 무역관계의 전개

냉전의 절정기에 그리고 문화혁명의 혼돈기에 핑퐁외교로 시작된 미국과 중국의 접근은 1979년 덩샤오핑 최고지도자가 미국을 방문함으로써 미중 간 외교관계 수립과 더불어 무역관계 또한 재개되었다. 개혁개방을 통한 경제성장을 새로운 국가발전 목표로 내세운 덩샤오핑과 개혁 지도부는 무엇보다 미국과의 경제협력과 무역확대를 통해서 경제성장을 견인하고자 하였다.

중국은 1986년 GATT에 가입신청을 냈으나 1989년 천안문 사태의 발발로 가입협상은 중단되었다. 1995년 WTO가 출범하였고, 1999년 중국과 미국은 WTO 가입협상을 마무리를 짓고, 2001년부터 중국은 WTO 정식 회원국이 되었다. 이후 중국의 무역량은 급속하게 증대되었다. 2008-2009년간 발발했던 세계금융위기 이후 미중 간에는 중국의 정부보조금을 둘러싼 무역분쟁이 있었다. 중국은 재정, 금융, 조세를 통한 다양한 형태의 정부보조금을 국유기업에 지원했다. 미국과 EU 등은 중국의 보조금 정책이 투명하지 못하고 통보 의무를 제대로 이행하지 않는다는 문제를 제기했다. 미국 무역대표부는 2011년 10월 198개 항목에 이르는 다양한 형태의 중국 보조금을 자체 조사하여 WTO에 통보하였다. 미국은 중국의 정부보조금에 대해 상계관세로 주로 대응해 왔다. 미국과 중국 간에는 'WTO 보조금 협정'의 개정을 두고 여전히 상반된 입장으로 맞서고 있다.

미중 간에는 중국의 '시장경제지위'(MES)에 대한 분쟁도 있었다. 2016년 중국은 미국과 EU가 중국의 시장경제지위를 인정하지 않고 중국 수입품에 대해 반덤핑 조사를 계속하여 상계관세를 부과한다는 이유로 WTO에 제소하였다. 중국은 중국의 'WTO 가입 의정서'에 따라 가입 15년 이후부터 '비시장경제' 분류에 따른 반덤핑 조사가 종료된다는 점을 제소의 근거로 주장하였다. 즉, 가입 15년이 지난 2016년부터 '시장경제지위'를 갖게 되어 반덤핑 조사와 이에 따른 상계관세를 부과할 수 없다는 주장이다. 그러나 WTO 내에서 중국이 승소할 가능성이 없어지자 중국은 2019년 소송을 철회하였다. 2017년 기준으로 한국을 포함한 69개 회원국들이 중국의 '시장경제지위'를 인정하고 있으나 중국의 주요 교역 상대인 미국, EU, 일본 등이 중국의 시장경제지위를 인정하지 않고 있다.[170]

〈그림 19〉는 미중 간 무역이 재개된 이후 양국 간 무역추이를 보여준다. 미중 간 무역량은 1985년 약 77억 달러였던 것이 정점에 이르렀던 2022년 6,900억 달러로 약 40년 만에 대략 90배 증대되었다. 미중 간 무역이 재개된 이후 중국은 지속적으로 무역수지 흑자를 누렸고, 덩샤오핑이 기대했던 것처럼 중국 경제성장을 이끈 핵심 동력이었다. 세계 최대 외환보유고의 대부분이 미국과의 무역수지 흑자에서 온 것이다.

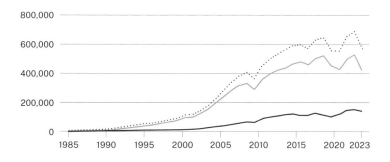

그림 19 미중 간 무역추이 (백만 달러)

자료: United States Census Bureau, https://www.census.gov/foreign-trade/balance/c5700.html

　　미중 간 무역은 세계금융위기가 있었던 2008-2009년간, 트럼프 행정부가 무역전쟁을 벌였던 2018-2020년, 그리고 2023년을 제외하고는 전반적으로 증가추세를 보여왔다. 미중 간 무역량이 2023년에 감소한 이유는 무엇일까? 2023년 미중 간 무역량이 감소된 것은 미국의 대중국 수출이 약간 감소된 탓도 있지만 대부분은 중국으로부터의 수입이 급감했기 때문이다. 2023년 중국으로부터의 수입은 약 20% 감소했다. 그 이유는 다음과 같다.[171] 첫째, 미국은 중국으로부터의 수입 물량에 대해 19%가 넘는 고율의 관세를 유지하고 있었고 또한 2022년부터 '위구르 강제노동 금지법'이 발효되었다. 이들을 피하기 위해 최종 조립 과정을 중국에서 베트남, 멕시코 등으로 옮겨가 원산지를 변경해 거기서 미국으로 수출하는 '우회수출'이 늘었기 때문이다. 둘째, 쉬인

(Shein), 테무(Temu), 알리 익스프레스(Ali Express) 등 중국의 해외직구 플랫폼 기업들이 800달러 이하 수입에는 관세를 부과하지 않는 미국의 '미소수입'(de minimis imports)을 적극 활용하기 때문이다. 이러한 미소수입은 공식 수입량으로 산정되지 않는다. 이러한 점은 양국의 무역통계에서 미국의 중국으로부터의 수입액보다 중국의 미국으로의 수출액이 더 크다는 사실에서도 확인된다.[172]

〈그림 19〉에서 볼 수 있듯이 미중 간 무역은 2018년까지 세계금융위기와 같은 외부요인을 제외하고는 지속적인 증가추세를 보여왔다. 그 결과 미중 간 경제적 상호의존성 또한 매우 높아졌다. 아래의 표는 미국과 중국의 국가별 무역 순위와 현황을 보여준다. 〈표 5〉에서 볼 수 있듯이 중국은 미국의 세 번째로 큰 무역상대국이다. 멕시코와 캐나다가 미국과 하나의 경제단위로 연결되어 있는 역내 교역국이라는 점을 고려할 때 중국은 실제 미국의 역외 최대 교역국인 셈이다. 〈표 6〉에서 보듯이 미국 또한 중국의 최대 교역국이다. 일본이나 한국과 비교하여 2배 이상의 무역량이 연간 미중 간에 오가고 있고, 더구나 중국은 약 3,600억 달러의 무역수지 흑자를 누리고 있다. 미국과 중국이 실제적으로 서로 최대 교역국인 것이다.

미중관계가 정상화되고 무역이 재개된 1980년대 이후 미중관계는 기본적으로 '포용'(engagement)의 관계로 유지되어 왔다.

표 5 미국 국가별 상품 서비스 무역 현황 (2023년, 10억 달러)

	수출	수입	무역량	무역수지
멕시코	300.2	384.7	684.9	-84.5
캐나다	312.4	347.8	660.2	-35.4
중국	148.0	504.9	652.9	-356.9
일본	74.6	134.9	209.5	-60.3
독일	65.3	135.2	200.5	-69.9
한국	65.9	94.9	160.8	-29.0
영국	61.4	56.4	117.8	+5.0
타이완	36.9	77.1	114.0	-40.2
인도	40.1	73.2	113.3	-33.1
베트남	11.0	101.9	112.9	-90.9

자료: U.S. Census Bureau's Foreign Trade, https://www.census.gov/foreign-trade/statistics/highlights/top/index.html

표 6 중국 국가별 상품 서비스 무역 현황 (2023년, 10억 달러)

	수출	수입	무역량	무역수지
미국	502.0	164.2	666.2	+337.8
홍콩	276.4	13.7	290.1	+262.7
일본	157.6	160.5	318.1	-2.9
한국	149.3	161.7	311.0	-12.4
베트남	138.2	92.2	230.4	+46.0
인도	117.8	18.5	136.3	+99.3
러시아	111.1	129.1	240.2	-18.0
독일	100.6	106.2	206.8	-5.6
네덜란드	100.3	16.9	117.2	+83.4
말레이시아	88.1	102.9	191.0	-14.8

자료: Statista, https://www.statista.com/statistics/1293615/trade-value-of-main-import-partners-for-china/; World's Top Exports. https://www.worldstopexports.com/chinas-top-import-partners/

미국의 중국에 대한 '포용'이 양국관계의 기저를 이루었고, 증대하는 무역 또한 양국관계의 '평화'에 기여하였다. 그러나 앞서 언급하였듯이 '포용'과 '평화'는 양국 간 힘의 관계인 구조적 조건에 연동된다. 오바마 행정부가 재균형 전략을 추진하고, 시진핑 지도부가 역균형 전략으로 대응하면서 미중 간 전략경쟁이 이미 시작되었으나 미국의 중국에 대한 포용정책과 무역의 평화효과는 2018년 트럼프 행정부가 중국과 무역전쟁을 벌일 때까지는 지속되었다.

무역전쟁, 경제안보

트럼프 행정부는 오바마 행정부의 아시아 재균형 전략을 인도·태평양 전략으로 확장시켰다. 여기서 중국을 현상변경을 시도하는 '수정주의 국가'로 규정함으로써 미국의 중국정책은 전환을 맞게 된다. 지금까지의 대중국 '포용정책'을 끝내고 중국과의 '전략경쟁'으로 본격 진입하게 된 것이다. 전략경쟁이 이미 오바마 행정부에서 시작되었지만 이를 국가안보전략으로 명시하고 중국정책을 '포용'에서 '견제'로 전환시킨 것은 트럼프 행정부에서부터이다. 중국과의 전략경쟁하에서는 무역의 '상대적 이득'이 쟁점이 되고 '경제안보'가 미중 경제관계의 목표로 설정된다. 무역전쟁이 터지고 경제안보가 최우선시되기 시작했다.

2018년 7월 6일 트럼프 행정부는 중국으로부터의 수입물량 340억 달러에 25%의 관세폭탄을 부과하였다. 같은 날 중국도 미국으로부터의 수입물량 340억 달러에 대해 동일한 관세를 부과함으로써 미중 간 무역전쟁이 시작되었다. 이후 미국과 중국은 치고받기 식으로 관세율과 대상 물량을 경쟁적으로 늘려갔다. 2020년 1월 15일 미중 간에 '일단계 무역합의'(Phase One Agreement)가 타결됨으로써 무역전쟁은 일단락되었다. '일단계 무역합의'에서 중국은 향후 2년간 2,000억 달러 규모의 미국산 제품을 구매하기로 하였다. 일단계 합의 이후 미국은 중국으로부터의 수입물량 66.4%(3,350억 달러)에 대해서 평균 19.3%의 관세를 유지하고 있고, 중국은 미국으로부터의 수입물량 58.3%(900억 달러)에 대해 평균 21.1%의 관세를 부과하고 있다.[173]

미중 간 전략경쟁이 진행 중인 상황에서 장기간에 걸쳐 연간 3,000억 달러 이상의 무역수지 흑자를 챙겨가는 중국을 트럼프 행정부가 더 이상 '포용'하지 않은 것이 미중 간 무역전쟁의 가장 큰 이유이다. 여기에다 트럼프 행정부는 이러한 대규모의 무역수지 흑자가 중국의 불공정한 무역관행 때문이라고 봤다. 여기에는 지적재산권 도용, 기술이전 강요, 정부보조금 지급, 환율조작 등이 포함된다. '일단계 무역합의'에는 정부보조금 문제를 제외하고 이러한 문제들에 대한 합의가 포함되었다.

중국을 '전략적 경쟁국'으로 규정한 바이든 행정부는 '경제안보'를 미중 경제관계의 핵심목표로 설정하였다. 경제안보는 경제적 위협으로부터 국가의 안전보장을 실현하는 일이다. 경제는 두 가지 방향에서 국가안보 문제로 대두된다. 하나는 1997-1998년의 동아시아 외환금융위기 때처럼 외환위기나 금융위기와 같은 경제위기 그 자체가 국가에 직접적인 위협이 되는 경우이다. 동아시아 외환금융위기 때 한국은 외환금융위기가 실물경제 위기로 옮겨가고 은행과 기업들이 퇴출되거나 통폐합되면서 정리해고와 실업자들이 쏟아져 나오는 사회경제적 위기를 겪었다. 국가가 부도 직전까지 몰리는 위기를 겪었다. 경제위기가 바로 중대한 국가안보 문제였다. 이를 '직접 경제안보'로 부를 수 있을 것이다.

다른 하나는 경제요인이 국방, 군사, 안보에 영향을 미쳐 국가안보 문제로 전환되는 경우이다. 이를 '간접 경제안보'로 부를 수 있을 것이다. 첨단 군사기술에 사용되는 반도체와 핵심 광물의 안정된 공급망을 확보하는 것은 국가안보 사안이 될 수 있다. 민수와 군수 모두에 사용될 수 있는 AI, 6G 통신, 양자 컴퓨팅, 안면인식과 같은 첨단 기술의 개발과 보호를 포함해서 기술이전 강요, 지적 재산권 도용, 첨단 기술에 대한 외국자본의 투자 등이 모두 국가안보 사안이 될 수 있다. 미국은 이러한 간접 경제안보 사안들에 대해 수출입 통제와 투자심사를 시행하고 있고, 중국도 유사한 입법조치들을 추진했다.

미국은 트럼프 행정부에서 이미 수출통제와 투자심사에 관한 입법을 단행했다. 2018년 「수출통제개혁법」(Export Control Reform Act)과 「외국인투자위험심사현대화법」(Foreign Investment Risk Review Modernization Act)을 제정했다. 바이든 행정부는 2022년 8월 「반도체지원법」(CHIPS and Science Act)을 제정하여 반도체 연구, 개발, 생산을 미국 내에서 완결할 수 있도록 지원하였다. 이로써 미국 내에 안정된 반도체 공급망을 확보할 수 있도록 하였다.

이어 2022년 10월 중국을 포함하는 안보 우려국에 대해 AI 칩과 반도체 제조장비의 수출을 포괄적으로 제한하는 수출통제 조치를 발표하였다.[174] 중국은 미국의 수출통제에 대응하여 사이버 안보를 이유로 미국 마이크론사(Micron)로부터의 칩 구매를 금지시켰다.[175] 바이든 행정부는 2023년 10월 반도체 제조장비의 범주와 AI 칩의 범위를 확대하고 제재 우회를 차단하기 위한 두 번째 반도체 수출통제 조치를 발표했다.[176]

2024년 12월 미국 정부는 첨단 반도체 장비와 고대역폭메모리(HBM)의 중국 수출을 금지하는 세 번째 수출통제 조치를 발표했다. 제재 대상엔 미국산뿐만 아니라 미국의 소프트웨어나 장비, 기술 등이 사용된 것도 포함시켰다. 미국 상무부는 첨단 반도체 수출 금지 대상 기업 리스트에 중국의 반도체 기업 24개와 장비 업체 100여 개를 포함해 총 140개를 추가했다.[177] 중국 상무부는 이에 대응하여 반도체, 배터리, 전자제품의 핵심 소재인 갈륨, 게르마늄, 안티몬의 미국 수출을 금지하는 조치를 발표했다.

바이든 행정부는 또한 2022년 8월에 「인플레이션 감축법」(IRA)을 제정하여 북미에서 생산된 전기차에 대해 보조금을 지원하도록 하였다. 기후변화에 대응하여 전기차 전환을 가속화하고 경제 활성화를 도모하는 것이 목적이었다. 2024년 강화된 규정에서는 경제안보의 관점에서 중국을 포함하는 '외국우려기업'(FEOC)에서 공급받은 배터리 부품이나 원자재가 포함된 차량은 세액공제에서 제외시켰다. 중국은 미국의 IRA에 의한 전기차 보조금이 특정 국가의 부품이나 원자재 사용을 배제함으로써 중국 전기차에 대한 차별적 조치라는 이유로 WTO에 제소하였다.[178]

미중 간 세력전이가 진행 중이고 전략경쟁이 전개되는 상황에서 트럼프 행정부는 중국정책을 '포용'에서 '견제'로 전환시켰다. 연 3,000억 달러에 이르는 중국의 무역수지 흑자도 이제는 포용할 수 없게 되었다. 트럼프 행정부는 중국과 무역전쟁을 벌였고 바이든 행정부는 경제안보를 미중 경제관계의 최우선 목표로 설정하였다. 중국도 중국중심 경제질서와 안보질서 구축으로 대응하면서 미중 간 전략경쟁은 치열해지고 있다. 이러한 상황에서 무역의 평화효과는 매우 제한적이거나 세력경쟁에 매몰되어 사라질 수도 있다. 더불어 경제안보가 미중 경제관계에서 최우선시되고 있다. 다행스러운 점은 미중 간 무역량이 실질적으로는 크게 줄지 않고 있고, 미국의 경우 중국과 달리 정부가 민간 경제 영역을 통제하고 제한하는 데 한계가 있을 수밖에 없다는 사실이다.

미중관계는
신냉전인가?

오바마 행정부 시기 러시아 대사를 역임한 바 있는 스탠포드 대학의 맥폴 교수는 "오늘날의 미중관계에 대한 냉전으로부터의 교훈과 오류"라는 논문을 발표하였다. 그는 특히 정확한 진단과 그에 따른 처방의 중요성을 강조한다. 강대국 간 경쟁을 기계적으로 냉전이라 진단해 버리면 위협과 경쟁의 본질을 오도하게 되고 정책결정자에게 잘못된 처방을 내리게 하는 위험성을 경고한다.[179] 그래서 미중관계를 정치적 이념이나 소신에 치우치지 않고 있는 그대로 정확하게 진단하는 일은 미중관계 그 자체를 위해서뿐만 아니라 21세기 국제정치의 미래를 위해서도 매우 중요한 일이다.

냉전인가 아닌가?

오늘날의 미중관계는 신냉전으로 접어들었는가? 미국에서
는 이미 많은 학자, 정치인, 언론인들이 미중관계는 이미 신냉전
으로 접어들었다고 단정한다. 미국 헤리티지재단의 로버츠(Kevin
Roberts) 회장은 '미국은 구소련보다 더 강력하고 더 위험한 중국
이라는 적대국과 신냉전에 돌입했다'고 단정한다.[180] 또한 미국
민주주의기금(National Endowment for Democracy) 회장인 거쉬만
(Carl Gershman)은 중국과의 신냉전에서 이기기 위해서는 타이완
과 타이완의 민주주의를 수호해야 한다고 주장한다.[181] 이들 외에
도 뉴욕 타임즈, 워싱턴 포스트, 포춘 등 미국의 주요 언론지들에
는 미중 간 신냉전이 시작되었다는 기사와 기고들이 넘쳐난다.

그러나 미중관계를 신냉전으로 보지 않는 학자, 정치인, 언
론인들 또한 신냉전으로 보는 이들만큼이나 많다. 로스(Robert
Ross) 교수는 미중관계는 냉전이 아니라 기본적으로 경쟁과 협력
의 관계라는 점을 강조하고 있고, 뮐러(John Mueller) 교수는 미중
간 신냉전은 입증되지 않았다고 지적한다.[182] 코츠(Dan Coats) 전
미국 국가정보국장은 워싱턴 포스트 기고에서 '중국과 냉전 같
은 것은 없다'고 단언한다.[183] 프리먼(Chas Freeman) 전 대사는 중
국과 갈등이 있지만 그것이 냉전의 재판은 아니라고 본다.[184] 이
들 외에도 오늘날의 미중관계를 신냉전으로 보지 않는 많은 전

문가들과 칼럼니스트들을 검색할 수 있다.

　미중관계를 신냉전으로 보는 입장은 대부분 미국 쪽에서 나오고 있다. 반면, 중국의 학자나 전문가들은 거의 대부분 지금의 미중관계를 신냉전으로 보지 않는다. 칭화대학의 옌쉐통(閻学通) 교수는 미중 간 경쟁은 이데올로기 경쟁이 아니라 이익과 과학기술의 경쟁이며 냉전으로 치달을 가능성은 매우 낮다고 본다.[185] 북경대학의 왕지스(王緝思) 교수도 경쟁과 협력의 가능성, 소통과 대화의 가능성은 열려 있으며 냉전으로 전개될 가능성은 낮다고 진단한다.[186] 남경대학의 주펑(朱鋒) 교수는 동아시아에서 지정학적 대치와 같은 신냉전은 중국의 이익에 치명적 결과를 초래할 것이라는 점을 중국의 정치지도자나 전문가들은 누구나 아는 사실이라는 점을 강조한다.[187] 푸단대학의 자오밍하오(赵明昊) 교수는 중국은 미국과 신냉전을 피하고자 한다는 점을 강조한다.[188] 중국 정부는 2019년 중화인민공화국 수립 100주년에 발간한 백서에서 중국에 대한 '포위, 억제, 대립, 위협의 냉전 심리'가 미국 쪽에서 나오고 있다고 지적하고 있다.[189]

과거 냉전과 오늘의 미중관계

　냉전을 사전적 의미에 따라 두 강대국 간에 전쟁을 제외한 모든 수단을 동원한 경쟁과 갈등으로 이해한다면 미중관계를 신냉전으로 볼 수도 있을 것이다. 그러나 우리가 미중관계가 신냉전인가 하는 문제를 제기하는 것은 과거 미국과 소련 간 냉전에서와 같은 구조적, 이념적 양상을 보이고 있는가, 따라서 당시의 냉전전략이 미중관계에도 적용될 것인가 하는 점을 묻는 것이다. 말하자면 사전적 의미로서의 냉전이 아니라 역사적 관점에서 냉전인가 하는 점을 묻는 것이다.

따라서 지금의 미중관계가 신냉전인지 여부를 판단하기 위해서는 과거 미소 간 냉전의 특징들이 지금의 미중관계에 나타나고 있는지를 먼저 검토해야 한다. 1947년 미국의 봉쇄정책이 본격 추진되면서 시작된 미소 간 냉전은 1991년 소련이 해체되면서 종식되었다. 이 기간 미소 간 냉전은 몇 가지 주요한 특징을 보였다.

첫째는 양극체계였다. 미소 간 냉전은 국제체계가 미국과 소련을 정점으로 두 진영으로 양분되어 대립하는 구조를 보였다. 오늘날의 미중관계가 과거 냉전에서처럼 미국과 중국을 정점으로 두 진영으로 양분되어 대립하는 구조를 보이고 있는가?

중국이 개혁개방 이후 지속적으로 부상함으로써 미중 간 힘의 격차가 줄어든 것은 사실이나 중국이 하나의 '극'을 형성하여 국제체계를 양분하여 미국과 대립하고 있다고 볼 수는 없다. 2024년 기준으로 중국은 미국 GDP의 63%까지 쫓아왔으나 군비지출에서는 미국의 3분의 1 정도에 그쳐 여전히 큰 격차를 보이고 있다. 앞서 검토했듯이 동맹과 파트너국들의 세력에서도 미국이 압도적 우위에 있다. 지금의 미중관계가 대립적인 두 축을 형성하여 미소 간 냉전과 같이 전 세계를 양분하는 양극체계를 이루고 있다고 볼 수는 없다. 예일대학의 웨스타드(Odd Westad) 교수는 오늘날의 세력경쟁이 미소 간 냉전 시기와는 달리 무엇보다 경제력에 의해 좌우된다고 본다. 따라서 미국과 중국이 경쟁을 벌이는 한편 다른 국가들이 치고 올라올 가능성이 매우 높아서 결국은 다수의 지역 패권국들이 자리 잡는 다극화의 추세로 전개될 가능성이 높다고 본다.[190]

둘째는 이념적·정치적 대립관계였다. 미국을 정점으로 하는 자유민주주의 이념과 소련을 정점으로 하는 공산주의 이념이 대립하였고, 자본주의 시장경제와 사회주의 계획경제가 대립하였다. 더불어 양 진영은 자신의 이념과 정치체제를 전 세계로 확산시키기 위해 경쟁하고 대립하였다. 이러한 정치적·이념적 대립을 오늘날의 미중관계에서도 확인할 수 있는가? 중국은 미국의 이념과 정치체제에 대한 대안을 제시하고 이를 확산시키기 위해 미국과 경쟁하고 대립하고 있는가?

지금의 중국은 마오쩌둥이나 스탈린 시대의 공산국가라기보다는 개발 권위주의 국가에 훨씬 가깝다. '중국식 사회주의' 국가라고 하지만 자본주의 시장경제에 의한 국내총생산이 압도적으로 많다. 중국공산당 지도부는 지속적인 경제성장 없이는 중국공산당의 집권 정당성이 없으며, 지속적인 경제성장을 위해서는 시장과 자본을 수용하지 않을 수 없다는 사실을 누구보다 잘 이해하고 있다. 지난 45년간의 개혁개방은 결국 시장과 자본의 점진적 수용과 확대의 과정에 다름 아니다.[191] 나아가 중국은 자유주의 국제경제질서의 최대 수혜국가이다. 미국의 트럼프 대통령이 선거운동 기간 동안 '미국 우선주의'와 보호무역주의 정책들을 들고 나오자 시진핑 주석이 2017년 다보스포럼에서 자유주의 국제경제질서의 수호를 촉구하고 나선 연설은 이러한 사실을 역설적으로 입증하는 것이다. 요컨대 미중 간에 이념적 차이는 분명 있지만 이것이 미소 간 냉전 때처럼 미중경쟁의 핵심이라고 볼 수는 없다.

셋째, 미소 간 냉전은 전 지구적 차원에서 지정학적 대립을 겪었다. 미국과 소련은 유럽, 동아시아, 중동, 아프리카에 이르기까지 세력권을 형성하고 지정학적 경쟁과 대립을 벌였다. 오늘날 미국과 중국도 이러한 전 지구적 차원에서의 지정학적 대립과 대치를 벌이고 있는가?

미국과 중국은 인도·태평양 지역에서 분명 지정학적 경쟁을 벌이고 있다. 중국의 부상을 견제하고 역내 세력균형을 복원하기 위한 미국의 재균형 전략과 이를 뚫고 서태평양, 인도양, 아프리카, 유럽으로 세력을 확장하기 위한 중국의 역균형 전략이 인도·

태평양 지역에서 충돌하고 있다. 그러나 중국이 인도·태평양을 넘어 전 지구적 차원에서 미국과 지정학적 경쟁을 벌이고 있다고 보기는 어렵다. 특히 과거 냉전 때처럼 군사적 지원이나 군사력의 배치를 통한 전 지구적 차원에서의 지정학적 대립을 아직 관찰할 수는 없다.

넷째, 미소 간 냉전에는 지경학적 단절이 있었다. 두 진영의 경제관계는 지정학적으로 단절된 두 진영 내부로 국한되었다. 진영 간의 경제교류는 거의 전무하였다. 오늘날의 미중관계에서 이러한 지경학적 단절을 볼 수 있는가?

2008년의 세계금융위기, 미국의 재균형 전략, 미국과의 무역전쟁, 미국의 공급망 재편과 디커플링 등에 대응하면서 중국은 '일대일로'를 중심으로 독자적인 중국중심 경제질서를 구축하고자 한다. 그러나 일대일로가 '부채 함정' '국가 주도' '탄소 수출' 등의 문제들을 야기하면서 초기의 야심찬 동력은 상당히 약화되었다. 뿐만 아니라 중국중심 경제질서를 구축한다는 목표는 실제로 미국중심의 자유주의 국제질서와 중첩되고 있어 대립적이고 배타적인 지경학 블록을 형성하고 있다고 볼 수는 없다.

지경학적 단절이 아니라 오히려 미중 간 경제관계는 어느 국가 간 관계보다 높은 수준의 상호의존 관계에 있다. 무역과 미중관계에 관해 앞 장에서 살펴보았듯이 중국은 미국의 최대 역외 교역국이고 미국 또한 중국의 최대 교역국이다. 또한 중국은 이미 세계경제에 깊숙이 편입되어 있고 다자주의 국제기구에도 적극 참여하고 있다. 이러한 사실은 미소 간 냉전에서는 찾아볼 수 없었던 매우 중요한 차이점이다. 하버드 대학의 나이 교수는 '미중 간 경제적·생태적 상호의존'은 '열전'은 말할 것도 없고 '냉전'의 가능성조차도 낮추고 있다고 지적한다.[192]

미중 간 냉전을 피하기 위해서

양극체계, 이념대립, 지정학적 대립, 지경학적 단절 등 과거 미소 간 냉전의 주요한 특징들을 오늘날의 미중관계에서 확인하기는 어렵다. 여기에 더하여 중국의 국내적 요인 또한 미국과 신냉전을 감행할 정도로 여유로운 상황이 아니다. 중국의 성장둔화가 무엇보다 가장 심각한 요인이다. 중국공산당 지도부는 지속적인 성장 없이는 중국공산당의 집권 정당성 또한 없어진다는 사실을 누구보다 잘 알고 있다. 더구나 지금까지의 안정적인 리더십 승계를 깨고 개헌을 하면서까지 3기 집권에 들어간 시진핑 체제로서는 이전의 어느 지도부보다도 성과와 성취를 통한 집권의 정당성을 얻어야 할 필요성에 직면해 있다. 지속적인 경제성장을 위해서는 미국과의 냉전이 아니라 협력이 어느 때보다도 필요한 상황이다. 미국의 바이든 행정부 또한 2022년의 「국가안보전략」

에서 미국은 중국과 '책임 있는 경쟁'을 벌릴 것이지만 중국과 '갈등'이나 '신냉전'을 원하지 않는다는 점을 분명히 하고 있다.

결론적으로 말하면, 오늘날의 미중관계는 신냉전이 아니다. 신냉전이 아니라면 지금의 미중관계를 어떻게 봐야 하는가? 도일(Michael Doyle) 교수는 지금의 미중관계를 "차가운 평화"(Cold Peace)로 본다는 책을 출판했다.[193] 미중관계는 기본적으로 전쟁이 아니라 평화이지만 그러나 차가운 평화라는 주장이다. 미중관계의 실제에 가까운 설득력 있는 진단으로 평가할 수 있다. 그러나 '차가운 전쟁'이 아니라 '차가운 평화'라는 진단은 냉전과 동일한 개념화의 연장에 있고 미중관계의 실제를 진단하고 정책을 처방하는 데 얼마나 유용한지는 의문이다. 오늘날의 미중관계는 지정학적 세력경쟁과 경제패권 경쟁을 동반하는 '전략적 경쟁관계'로 보는 것이 타당하고 현실에 부합한다. 로스 교수는 미중관계는 냉전이 아니라 기본적으로 경쟁과 협력의 관계라고 단언한다. 미중 간 세력전이가 진행되고 있고 그로 인한 전략경쟁이 전개되고 있지만 상호 간에 실용주의에 기반한 리더십과 대외정책을 펼친다면 신냉전이 아니라 '절제된 경쟁'과 '확장된 협력'의 관계를 이끌어 낼 수 있다고 본다.[194]

지금의 미중관계를 신냉전으로 볼 수 없다는 진단은 미래에도 냉전으로 전개되지 않을 것이라고 단정하는 것은 아니다. 미중 간 세력전이가 지속되어 양극체계로 전환되고, 지정학적 대립이 전 지구적으로 확장되는 한편, 양국의 리더십이 상호배타적 이념과 제로섬 이해관계로 대치한다면 미중관계는 과거 미소 간 냉전과 유사한 관계로 악화될 수 있다. 따라서 미중 간 전략경쟁을 갈등과 적대 혹은 신냉전이 아니라 경쟁과 협력의 관계로 관리하기 위한 양국 간 '과정의 국제정치'가 작동해야 한다. 외교와 대화, 소통의 채널이 복원되어야 한다. 디커플링, 수출입 통제 등 산업통상 갈등은 외교와 협상으로 풀어야 한다. 배제, 디커플링, 대립이 아니라 포용, 디리스킹, 상호의존이 양국 간에 추구되어야 한다.

냉전 주창자들은 미소 간 냉전전략을 재탕함으로써 미중 간 냉전에서도 '승리'할 수 있다고 믿는 경향을 보인다. 그러나 미소 간 냉전은 캐넌(George Kennan)이 그의 'X' 기고에서 이미 예견했듯이 미국의 '승리'가 아니라 소련의 '실패'로 끝난 것이었다. 마찬가지로 미중 간 냉전이 오더라도 그것은 외부의 힘에 의해서가 아니라 공산당 내부의 개혁 지도부나 중국 내부의 민주화 세력에 의해서 종식될 것이라는 점을 우리는 역사를 통해서 이미 알고 있다.

미중 전략경쟁하에서
자유주의 국제질서는 살아남을 것인가?

세력변동과 자유주의 국제질서

　전후 미국은 자유주의 국제질서를 주도적으로 구축해 왔다. UN, GATT, IMF, WTO, 민주주의 공동체를 비롯해서 무역, 투자, 인권, 해양, 환경, 기후변화 등과 관련된 다자주의 기구와 제도를 주도적으로 구축했다. 냉전의 종식으로 자유주의 국제질서는 구 공산권 국가들에도 확장되었고 그 결과 세계화는 가속적으로 진행되어 왔다. 자유주의 국제질서는 그 동안 기복이 없지는 않았지만 세계질서를 주도하면서 세계의 평화와 번영에 기여해 왔다.

　미국이 자유주의 국제질서를 주도적으로 구축할 수 있었던 것은 전후 미국의 압도적 힘의 우위 때문에 가능한 일이었다. 또한 패권국 미국의 입장에서 볼 때 자유주의 국제질서가 가장 유리했기 때문이기도 하다. 자유주의 국제질서는 미국의 압도적 힘의 우위라는 국제정치적 기반 위에서 구축되고 관리되어 왔던 것이다.

그러나 지난 40년 이상 중국의 지속적인 성장과 특히 2000년대 이후 중국의 급속한 부상, 미국의 패권적 지위의 이완, 미중 간 세력전이의 진행 등 자유주의 국제질서가 기반하고 있는 국제정치적 구조에 중대한 변화가 진행되고 있다. 그 결과 그러한 국제정치적 구조 위에 구축된 자유주의 국제질서 또한 흔들리고 있다. 다른 한편 영국, 이탈리아, 프랑스, 독일 등 서유럽 민주주의 국가들에서도 극우 민족주의 혹은 포퓰리즘에 근거한 정치적 선동에 다수의 유권자들이 결집함으로써 자유주의 국제질서에 대한 시민들의 지지 또한 약화되고 있는 것도 사실이다.

미중 간 전략경쟁은 한편에서는 지정학적 세력경쟁으로, 다른 한편에서는 경제패권 경쟁으로 표출되고 있다. 미국은 경제력에서 중국의 추격을 최대한 지연시키고자 하고, 중국은 미국의 견제에도 불구하고 독자적인 성장의 동력을 확보하려는 전략을 추진하고 있다. 이를 미중 간 경제패권 경쟁으로 부를 수 있을 것이다. 미중 간 경제패권 경쟁은 어떻게 표출되고 있고 자유주의 국제질서에 어떠한 영향을 미칠 것인가? 미중 간 전략경쟁과 주요 국가들에서 나타나고 있는 반자유주의적 요구 등의 조건하에서 자유주의 국제질서는 살아남을 것인가? 아니면 자유주의 국제질서는 중대한 변화를 맞게 될 것인가? 어떠한 국제질서가 미래의 세계를 주도할 것인가?

글로벌 우선에서 미국 우선으로

America First! 트럼프 대통령의 이 선거구호는 다수의 유권자들을 결집시켰다. 이 구호는 '반자유주의'와 '반중국'을 동시에 내재하고 있었다. 당선 후 트럼프 대통령은 2015년 유엔기후변화협약 당사국총회에서 채택된 파리협정에서 탈퇴하였고, 오바마 행정부가 '아시아로의 회귀' 전략으로 야심차게 추진했던 환태평양경제동반자협정(TPP)에서도 탈퇴하였다. 중국으로부터의 수입 물품에 대해 징벌적 고관세를 부과함으로써 무역전쟁을 시작하였고 중국경제와 '디커플링'을 시도하였다.

America is back! 바이든 행정부는 트럼프 대통령의 '미국 우선'에 대응해서 '글로벌 중시'를 의미하는 '미국이 돌아왔다'는 선거구호를 내걸었지만 반자유주의와 반중국 정책을 포기하지는 않았다. 2022년 8월 바이든 행정부는 '반도체법'(CHIPS and Science Act)과 '인플레이션 감축법'(Inflation Reduction Act)을 잇달아 발표하였다. 반도체법은 미국 국내에 독자적인 반도체 공급망을 구축한다는 목표하에 국내생산을 유도하기 위한 세액공제와 정부지원을 담고 있고 더불어 중국에 대한 첨단 반도체의 수출통제를 포함하고 있다. 인플레이션 감축법은 보건의료 비용과 청정 에너지 비용을 감축하여 인플레이션을 잡고 국민생활을 안정화시킨다는 입법 취지의 법률이다. 여기에 청정 에너지 비용 지원을 위해 전기자동차에 대한 세액공제 혜택을 담고 있다. 다만 중국 등 우려국가에서 생산된 배터리와 핵심 광물을 사용한 전기자동차는 제외시켰다.

이러한 법률은 직간접적으로 반도체, 배터리 등 첨단 분야의 안전한 공급망을 확보한다는 '경제안보'를 실현함으로써 중국을 견제하고 중국경제와 디커플링을 실현하는 정책효과를 목표로 하고 있다. 그러나 중국산 수입에 대한 고관세는 결국 미국 소비자들에게 그 비용을 전가시켰고 미중 간 무역수지 불균형을 해소하지는 못하였다. 오히려 무역수지 불균형은 증대되었다. 미국의 이러한 조치들은 자유주의 국제질서에 부합하기보다는 생산의 국제분업을 인위적으로 제한하고 국내생산에 대한 세액공제와 정부지원을 제공한다는 점에서 일종의 보호무역주의 정책으로 볼 수밖에 없다. 또한 경제적 디커플링은 국내 유권자들을 결집시킬 수는 있겠지만 경제적 비용을 초래할 수밖에 없다. IMF의 추산에 따르면 미중 간 경제적 디커플링 혹은 '지경학적 단절'은 적게는 0.2%에서 많게는 7%에 달하는 세계 GDP 감소를 유발할 것이라고 한다.[195]

중국중심 경제질서로 전환

시진핑 주석은 2013년 9월 카자흐스탄을 방문해 '실크로드 경제벨트' 구상을 발표하고 이어서 10월 인도네시아를 방문해 '21세기 해상실크로드' 구상을 발표하면서 '일대일로' 구상을 공개하였다. '일대일로' 구상은 육상에서 중국, 중앙아시아, 중동, 유럽을 철도와 도로로 연결하고 해상에서 중국, 동남아시아, 인도양, 아프리카, 지중해, 유럽을 항만과 해운으로 연결해서 투자와 무역을 촉진시켜 공동번영을 이룬다는 구상이다. 중국에서 유럽에 이르는 육상과 해상 연결망 구축을 통해 거대한 수요창출을 일으키고 이로써 성장을 지속한다는 지경학적 성장전략이다. 중국은 미국 의존적인 그리고 수출주도 성장전략에서 벗어나 '일대'와 '일로'를 중심으로 독자적인 중국중심 경제질서를 구축한다는 전략적 목표를 실현하고자 한다.

그러나 미중 간 전략경쟁이 본격화되고 일대일로가 지경학을 넘어 지정학적 전략이라는 측면이 부각되면서, 그리고 '부채함정', '국가 주도', '탄소 수출'이라는 부작용들이 드러나면서 초기의 야심찬 동력은 상당 부분 약화되었다. 2023년 10월 북경에서 개최된 제3차 일대일로 포럼은 제2차 포럼에 비교하여 국가지도자들의 참석 규모가 현저하게 줄었다. 제3차 포럼에서 중국은 그동안 제기된 여러 가지 문제들에 대한 보완과 방향 전환을

제시하였다. 정부주도의 대규모 인프라 건설보다는 보다 시장주
도의 지속가능한 프로젝트, 친환경 녹색 프로젝트 건설로 전환한
다는 방향성을 제시하였다.[196]

이러한 일대일로가 자유주의 국제질서에 던지는 의미는 무
엇인가? 일대일로가 분명 미국의 재균형 전략에 대한 역균형 전
략이라는 지정학적 측면이 있기는 하지만 그 자체로서 반자유주
의 정책이라 볼 수는 없다. 지정학과 자유주의 국제질서가 상호
배타적인 것은 아니기 때문이다. 중국판 마샬플랜이라 볼 수 있
는 일대일로는 자유주의 국제질서와 공존해 갈 것이다. 다만, 일
대일로의 주요한 주체가 중국 정부, 국유은행과 국유기업들이기
때문에 이로 인한 중상주의적 관행에 대한 문제는 지속적으로
제기될 것이다.

다른 한편, 시진핑의 중국은 2015년부터 2025년까지 첨단
산업 10개 분야를 중점적으로 육성하여 미국이나 유럽에 대한
기술의존을 해소하고 70%의 자립도를 달성한다는 '중국제조
2025'를 과감하게 추진했다. 여기에는 전기자동차, 차세대 정보
기술, 항공우주 공학, 로봇, 인공지능, 바이오 제약 등이 포함되
었다. 중국 정부의 과감한 투자와 육성을 통해 소위 '중진국의 함
정'을 성공적으로 넘고 자체 경쟁력을 높여 미래의 성장동력을
확보한다는 야심 찬 정책이었다.

중국은 또한 2020년부터 당 정치국 회의에서 '쌍순환' 전략

을 제시하고 2021년부터 시작된 14차 5개년계획에 이를 반영하였다. 쌍순환 전략이란 '국제순환'과 '국내순환'이 상호 촉진되도록 하여 성장의 새로운 동력을 만들어간다는 전략이다. 해외시장과 수출주도 성장에 더하여 내수시장, 산업고도화, 자체 공급망 구축, 기술혁신 등의 국내순환을 강화하여 독자적인 발전 역량을 확보한다는 전략이다.

중국의 이러한 정책과 전략은 미중 간 전략경쟁이 진행되고 있고 GDP에서 수출이 차지하는 비중이 줄어들고 있는 상황에서, 미국의 기술과 부품에 대한 의존을 줄이고 독자 기술과 부품의 자립도를 70%까지 확보하여, 14억 내수시장에 기반한 '국내순환'을 강화하고, '일대'와 '일로'를 통한 지경학적 네트워크 구축을 실현하여 중국중심의 경제질서를 수립한다는 목표에 맞춰져 있다.

반세계화와 미중 전략경쟁

미국의 정보기관들은 중국이 안면인식, 자율주행, 가상현실 등 첨단기술 분야의 미국 기업들에 중국 정부가 투자를 주도하고, 나아가 이들 미국 기업들을 인수하거나 기술 인력을 빼내어 지적재산권을 도용하는 등 미국의 산업기반에 중대한 위협을 가

하고 있다고 분석한다. 트럼프 대통령은 기본적으로 중국이 환율을 조작하거나 불공정 무역을 하지 않고는 연간 4,000억 달러 규모에 이르는 무역수지 적자가 날 수 없을 것으로 판단하였다. 반면에 중국은 미국이 지정학적으로 중국을 봉쇄하고 경제적으로 중국의 부상을 억제하려 한다고 본다. 이러한 미국의 중국 봉쇄와 억제에 대응해서 중국은 일대일로, 중국제조 2025, 쌍순환 등 독자적인 발전전략을 모색하지 않을 수 없다는 입장이다.

중국의 기술이전 강제, 불공정 무역, 정부의 다양한 보조금 지원, 외국기업들에 대한 제한 조치 등 중상주의적 산업통상정책이나 미국의 보호무역주의, 일방적 관세 부과, 세액공제와 정부지원 등 미국우선주의 산업통상정책은 자유주의 국제경제질서에 어떠한 영향을 미칠까?

트럼프 대통령의 선거구호였던 '아메리카 퍼스트'는 앞서 언급했듯이 지지자들의 다수의지를 반영한 '반자유주의' 혹은 '반세계화'를 내재하고 있었다. 그리고 중국이 반자유주의 혹은 반세계화의 표적이 되면서 '반중국'의 의지 또한 담고 있었다. 이들 지지자들은 한때 미국 산업의 주역이었으나 이제는 주류에서 밀려난 철강, 광산 등 소위 '러스트 벨트' 지역 주민들이거나, 중부의 광활한 농장의 농부들로 미국 사회의 뿌리라는 자부심이 세계화로 침해되었다고 보거나, 이민들이 도시 일자리를 뺏어간다고 보는 반이민 정서를 공유하는 도시의 백인 저소득층 등 세계화의 추세에서 주변화된 유권자들이 대부분이었다. 이러한 유권자들이 2016년 11월 트럼프를 대통령으로 당선시킬 만큼 미국 사회에 광범하게 확산되어 있었다는 점은 선거 전문가들도 전혀 예상하지 못하였다.

2016년 6월 영국에서는 EU로부터의 탈퇴를 결정하는 브렉시트(Brexit)가 국민투표에서 52% 대 48%로 통과되었다. 영국 에섹스대학의 화이트리(Paul Whiteley) 교수의 분석에 따르면 영국 유권자들이 EU를 떠나기로 결정한 요인들은 다음과 같다. EU가 기대했던 혜택을 가져오지 못한다는 실망, 2008년 세계금융위기 이후 지속되고 있는 경제적 침체, 중동과 북아프리카로부터의 난민 유입과 이에 대한 불만, EU의 긴축정책과 이로 인한 소득, 복지 및 의료보험의 축소, 자신들이 방치되고 있다고 느끼는 다수의 포퓰리즘 요구 등이다.[197] 불평등 심화, 소득 감소, 복지 축소, 반난민 정서 등의 요인들이 다수 유권자들에 확산되어 있었다는 것이다. 이러한 요인들이 과연 EU 때문인지 엄밀하게 분석되지 않았고, 또한 이러한 요인들이 브렉시트를 통과시킬 만큼 광범하게 확산되어 있었을 것으로 예측한 전문가도 없었다. EU 탈퇴 문제를 국민투표에 부쳤던 캐머런(David Cameron) 총리조차도 유권자들이 '탈퇴'가 아니라 '잔류'를 선택할 것으로 믿었다.

'브렉시트'와 '아메리카 퍼스트'는 반세계화를 내재하고 있다는 점에서 공통점을 갖는다. 영국에서 대처 수상이 집권하고 미국에서 레이건 행정부가 출범하면서 1980년대에 시작된 세계화가 약 40여 년이 지나면서 바로 영국과 미국에서 반세계화의 신호가 표출되었다는 것은 역설적이긴 하지만 결코 우연이 아니다.

주지하듯이 세계화는 신자유주의적 질서가 전 세계적으로 확산되어 온 과정이다. 신자유주의는 스미스(Adam Smith)나 로크(John Locke)의 고전적 자유주의로 되돌아간다는 의미에서 신자유주의이다. 즉, '최소 정부, 최대 시장'과 '최소 국가, 최대 개인'의 정치경제 원칙을 실현하여 경쟁과 혁신을 통한 성장과 발전을 이룬다는 고전적, 보수적 자유주의 이념이다. 이러한 신자유주의 질서가 삼사십여 년 지속되면 생산은 증대되고 효율성이 실현되어 사회적 번영을 이룰 수는 있으나, 사회적 불평등이 심화되고 경쟁에서 밀려나는 계층이 누적되면서 사회적 양극화가 진행되는 부작용이 커지게 된다. 그 결과 분배와 복지 요구가 커지게 되고 이는 포퓰리즘, 민족주의, 사회적 혹은 진보적 자유주의 등 다양한 형태로 표출된다. 18세기 이후 정치경제의 전개는 이러한 고전적 자유주의와 사회적 자유주의 간의 주기적인 반복의 역사에 다름 아니다.

브렉시트와 아메리카 퍼스트는 그동안 신자유주의 국제질서의 누적된 부작용에 대한 대안의 요구라는 점에서 공통점을 갖는다. 바이든 행정부의 2022년 「국가안보전략」은 이러한 관점에서 국내 및 국가 간에 누적된 불평등을 해소하기 위해 세계화에 대한 '조정'이 필요하다는 점을 명시하고 있다. 영국과 미국에서 표출된 반세계화 요구는 유럽의 다른 국가들에서 표출되고 있는 민족주의, 극우 포퓰리즘 등과 더불어 분명 자유주의 국제질서에 변화의 압력으로 작동할 것이다.

미중 간 전략경쟁은 이러한 글로벌 차원에서의 반자유주의적 요구를 더욱 증폭시키는 결과를 낳고 있다. 트럼프 행정부 이후 미국은 중국이 자유주의 국제질서를 비자유주의적 방식으로 이용함으로써 부당하게 국가의 부를 축적해온 것으로 본다. 따라서 중국이 보다 시장 중심 산업통상정책으로 전환할 것을 요구하는 한편, 필요할 경우 미국 또한 보호무역주의 정책을 마다하지 않을 것이란 점을 분명히 하고 있다. 미중 간 전략경쟁 또한 자유주의 국제질서의 변동요인으로 작동하고 있는 것이다.

자유주의 국제질서의 미래

그렇다면 자유주의 국제질서는 어떤 변화를 보일 것인가? 학계에서의 논의는 자유주의 국제질서가 그래도 대세로 유지될 것이라는 입장과 자유주의 국제질서가 완전히 사라지지는 않겠지만 대세는 현실주의 질서로 대체될 것이라는 입장으로 크게 나뉜다.

자유주의 국제정치학자인 아이켄베리(John Ikenberry)는 전후 자유주의 국제질서가 미국이 주도하였지만 미국의 패권에 의해서 형성된 것은 아니기 때문에 미국 패권의 이완이 자유주의 국제질서의 와해로 이어지지 않을 것이라고 본다. 자유주의 국제질서 자체가 복합적이고 다층적이어서 패권국의 부침에 따라 기존 질서가 폐기되고 새로운 질서로 대체되는 것은 아니라고 본다. 자유주의 국제질서는 17세기 베스트팔렌체제를 기반으로 지속적으로 진화하고 확산되어 왔다고 본다. 나아가 오늘날 자유주의 국제질서의 가장 큰 수혜자들인 중국, 인디아, 브라질 등 신흥 부상국들이 자유주의 국제질서의 주요 구성원이 되었고 이들이 자유주의 국제질서를 지켜나갈 것으로 전망한다. 이러한 전망을 가능하게 하는 하나의 실례로서 아이켄베리는 시진핑 주석이 2017년 다보스포럼에서 자유주의 국제질서의 수호를 촉구한 연설을 들고 있다.[198]

현실주의 국제정치학자인 미어샤이머는 매우 상반된 전망을 제시한다. 미어샤이머는 오바마 행정부가 끝나고 트럼프의 '아메리카 퍼스트' 선거 캠페인이 한창이던 2016년경 국제체계는 단극체계에서 다극체계로 전환되었다고 진단한다. 따라서 미국 중심의 단극체계는 종식되었으며 그러한 세력판도에 근거하고 있던 자유주의 국제질서 또한 와해되고 있다고 분석한다. 가까운 미래의 국제질서는 미국 주도의 제한적 현실주의 질서와 중국 주도의 제한적 현실주의 질서가 경쟁하는 현실주의 국제질서로 전환되고 있는 한편 그가 말하는 '얕은 국제질서'는 유지되어 경제협력, 기후변화 등 최소한의 국제협력은 이뤄질 것으로 전망한다. 결론적으로 미중은 냉전 시기 미소 간 경쟁과 유사한 전략경쟁으로 접어들 것으로 예상한다.[199]

단극체계에서만 자유주의 국제질서가 가능하다는 미어샤이머의 주장은 논리적 타당성을 인정하더라도 지나치게 도식적이다. 냉전기 미국이 주도한 서방진영의 국제질서는 비록 전 세계를 포괄하지는 않았지만 따라서 엄밀하게 국제질서라 부를 수 없겠지만 자유주의적 질서가 주도하였던 것이 사실이다. UN, 브레튼우즈체제, 가트체제 등으로 대표되는 전후 국제질서는 비록 냉전의 구조적 제약으로 인해 제한적이긴 하였지만 자유주의 국제질서였다는 것이 일반적인 이해이다. 냉전이 종식되자 전후 제한적 자유주의 국제질서는 구공산권으로 확산되면서 신자유주의적 세계화로 가속화되어 왔다는 것이 일반적인 이해이다.

신자유주의의 세계화로 인한 누적된 문제들과 이로 인한 반자유주의적 요구는 결국 '브렉시트'나 '아메리카 퍼스트'처럼 국내 우선주의로 표출될 것이다. 여기에 미중 간 전략경쟁의 현실에서 볼 때 지정학적 현실주의에 입각한 세력경쟁 또한 상당 기간 지속될 것이 분명하다. 그럼에도 불구하고 미국이나 EU, 심지어 중국까지도 자유주의 국제질서의 대세를 전면 폐기하지는 않을 것이다. 왜냐하면 자유주의 국제질서하에서 이들 모든 국가들이 더 많은 이익과 혜택을 누려왔기 때문이다. 그렇다면 미래의 국제질서는 '현실주의 경쟁과 국내 우선주의에 묶인 제한적 자유주의 국제질서'로 전개될 가능성이 매우 크다.[200]

미래 미중관계는
어떻게 전개될까?

중화인민공화국이 수립되고 한국전쟁이 발발하면서 미중관계는 적대관계가 되었다. 이후 미중관계는 미국의 '봉쇄전략'의 일부로 편입되었다. 중소분쟁이 격화되고 베트남 전쟁이 확전되면서 중국과 미국은 '화해'를 모색하였고 1972년 상하이공동성명으로 관계정상화에 합의하였다. 미중관계는 봉쇄에서 '포용'의 관계로 전환되었다. '포용'의 미중관계는 2018년 트럼프 행정부와 시진핑 체제 2기가 부딪히면서 종료되고 전략적 '경쟁'의 관계로 본격 전환되었다. 중화인민공화국 수립 이후 미중관계는 '적대', '봉쇄', '포용', '경쟁'의 관계로 전개되어 왔다. 이 연구는 이 전략적 경쟁의 원인과 양상을 밝히고 미래의 미중관계를 예측해 보고자 하였다. 이를 위해 구조, 과정, 행위자 세 차원의 통합 분석과 예측을 제안하였다.

전략경쟁의 확산

세 수준에서의 미중관계를 분석한 결과는 다음과 같다. 첫째, 미중 간 세력정치와 관련되는 구조적 차원이다. 군사력에 있어 중국이 2050년까지 미국을 추월할 가능성은 낮다. 그러나 2049년까지 군 현대화 로드맵을 실현하고 미국과 군사력 균형에 최대한 근접하기 위해 군 현대화 개혁을 강력하게 추진해 왔다. 경제력과 관련하여 전문기관들의 예측은 2030년대 후반 이후 미국을 추월하는 경우와 2050년까지도 미국을 추월하지 못하는 경우로 나타난다. 전자의 경우는 2030년대 후반 이후 '부분 세력전이'가 실현되는 경우이고 후자의 경우 2050년까지도 세력전이는 실현되지 않는 경우이다.

어느 경우이든 적어도 2030년대 후반까지는 미중 간 전략경쟁이 전개될 것이다. 미국으로서는 진행 중인 세력전이를 지연시키거나 역전시키기 위해서, 중국으로서는 세력전이를 가속시켜 미국과 힘의 균형에 최대한 근접하기 위해서, 미국과 중국은 세력경쟁과 경제패권 경쟁을 피하지 않을 것이다. 미중 간 세력경쟁은 인도·태평양 지역에서 미국의 재균형 전략과 인도·태평양 전략이 중국의 역균형 전략과 부딪히면서 지정학적 세력정치로 전개되고 있다. 미국의 '지역 균형, 글로벌 우위'와 중국의 '지역 우위, 글로벌 균형'이라는 상충적인 전략목표가 충돌하고 있다.

둘째, 리더십, 인식과 전략, 국내정치를 포함하는 행위자 차원이다. 미중 간 세력변동에 기인하는 전략경쟁은 리더십의 인식과 전략 그리고 외교와 대화채널을 통해 증폭되거나 완화될 수 있다. 그러나 행위자 차원에서 '중국부상 견제국가', '현상변경 도전국가'라는 양립 불가능한 상호인식이나 중국의 '신형국제관계' 주도나 미국의 현상변경 차단은 전략경쟁을 가열시키거나 증폭시켜 왔다. 3기 집권을 향한 시진핑 체제의 공세적 대외전략과 시진핑의 3기 집권, 이에 대해 워싱턴에 초당적으로 확산된 반중국 정서 또한 미중관계 진전에 상당 기간 장애가 될 것이다. 다만, 바이든 행정부의 「국가안보전략」에서는 중국과 '책임 있는 경쟁'을 할 것이며 '협력과 공존'의 가능성 또한 열려 있다는 점을 분명히 하고 있다. 행위자 차원에서 볼 때 미중관계는 전략적 경쟁이 확산되어 '전면적 경쟁'의 관계로 전개되고 있으나 경쟁과 협력, 공존의 관계로 진전될 가능성도 열려 있다.

셋째, 미중 간 과정의 국제정치이다. 여기에는 외교와 무역이 포함된다. 외교는 갈등을 관리하고 협력을 촉진하는 것이 핵심 기능이다. 부시 행정부 이후 미중 간에는 고위급 대화, 전략·경제 대화를 비롯해서 대화채널이 설치되어 정례적으로 개최되었다. 미중 간 잠재적 갈등을 관리하고 협력을 촉진하는 기능을 수행해 왔다. 그러나 전략경쟁이 본격화되면서 2018년 이후 이러한 대화채널은 가동되지 않고 있다. 다행히 바이든 행정부에서 미중은 전략경쟁을 '책임 있게 관리'할 필요성을 공감하고 대화채널을 복구하기 위한 실무그룹을 구성하였다. 3기 시진핑 지도부와 트럼프 2기 행정부는 잠재적 갈등을 관리하고 협력의 영역을 확장해 나가기 위해 대화채널을 복원하고 제도화하는 일을 양국 간 외교의 최우선 과제로 추진해야 한다. 그럼으로써 미중관계를 '갈등으로 전화되지 않는 경쟁관계', 더 나아가 '경쟁과 협력의 관계'로 진전시켜야 한다.

1979년 이후 미중관계가 '포용'의 관계로 유지되어 오는 동안 무역은 양국관계의 '평화'에 기여하였다. 그러나 시진핑 2기와 트럼프 1기 행정부가 부딪히면서 무역전쟁이 시작되었고 포용정책은 폐기되기 시작했다. 미중 간 전략경쟁이 본격화되면서 무역의 '상대적 이득'이 쟁점이 되고 연간 3,000억 달러에 달하는 대중 무역수지 적자를 더 이상 포용할 수 없게 되었다. 바이든 행정부는 '경제안보'를 미중 경제관계의 최우선 목표로 설정하였다. 중국도 중국중심 경제질서와 안보질서 구축으로 대응하면서 미중 간 전략경쟁이 확산되고 있다. 이러한 상황에서 무역의 평화효과는 매우 제한적이거나 세력경쟁에 매몰되어 사라질 수도 있다. 전략경쟁이 진행되는 한 경제안보가 미중 경제관계에서 최우선시 될 것이다.

〈표 7〉은 미중관계의 분석결과를 요약한다. 세 차원의 관련 변수들 대부분에서 미중관계는 '경쟁과 갈등의 관계'를 보이고

표 7 미중관계 분석결과

주요변수		분석결과	미중관계	시계열
구조	세력전이	진행중 부분 세력전이 혹은 세력전이 미실현	경쟁	장기: 경쟁과 갈등
	세력경쟁	인도·태평양, 재균형과 역균형 충돌 상충적 전략목표	경쟁/갈등	
행위자	리더십 상호인식	현상변경 도전국가 대 중국부상 견제국가	경쟁/갈등	단기: 경쟁, 갈등, 협력 과 공존
	전략	신형국제관계 주도 대 현상변경 차단 글로벌 현안에 대한 협력과 공존	경쟁/협력	
	국내정치	시진핑 3기 집권 향한 강경 리더십 워싱턴 초당적 반중정서 확산	경쟁	
과정	외교와 대화채널	중단/재개/복원 가능성	협력	중기: 협력, 경쟁, 갈등
	무역	무역전쟁: 보호무역 대 불공정 무역 경제안보	경쟁/갈등	

있다. 구조적 차원에서 세력전이가 진행 중이고 이로 인한 전략적 경쟁이 전개되고 있다. 미중 간 전략경쟁은 힘의 관계에 기인하는 구조적 결과이고 장기적으로 지속될 것이다. 무엇보다 '현상변경 도전국가'와 '중국부상 견제국가'라는 리더십의 상호인식은 양립하기 어렵다. 무역은 미국의 보호무역주의와 중국의 불공정 무역이 부딪히면서 '평화효과'는 상실되고 오히려 갈등의 요인이 되고 있다. 현재 국면에서 협력의 가능성은 외교와 대화채널, 리더십의 상호전략에 달려 있다. 따라서 미중 간 대화채널을

복구해서 경쟁을 관리하고 협력과 공존의 영역을 확장해야 한다. 이는 시진핑 3기 체제와 트럼프 2기 행정부가 최우선으로 해결해야 할 외교적 현안이고 리더십의 과제이다.

2050년까지 미중관계 전망 시나리오 1: 부분 세력전이

지금까지의 미중관계 분석을 바탕으로 2050년까지 미래 미중관계를 전망해 보자. 미중 간 힘의 관계에서 도출한 두 가지 시나리오를 시작으로 미중관계를 전망해 보기로 한다.

시나리오 1은 2030년대 후반까지 중국이 부분 세력전이를 실현하고 군 현대화를 완결하는 경우이다. 이 경우 미중관계는 2030년대 후반까지 세력전이가 진행 중이면서 치열한 전략경쟁으로 전개될 것이다. 전략경쟁은 세력경쟁과 경제패권 경쟁으로 표출될 것이다. 세력경쟁은 인도·태평양 지역에서 지정학적 세력정치로 전개될 것이다. 경제패권 경쟁은 첨단산업 분야를 주도하기 위해 인공지능, 퀀텀 컴퓨팅, 첨단 반도체, 6G 통신, 배터리 등을 둘러싼 기술우위 경쟁이 핵심이 될 것이다.

시나리오 1에서 2030년대 후반 이후의 미중관계는 군사력 경쟁으로 주도될 가능성이 높다. 부분 세력전이를 실현한 중국은 완전 세력전이를 향해서 미국과 치열한 군사력 경쟁을 펼칠 것이다. 중국은 2049년까지 사회주의 현대화 강국을 실현하고 미국과 대등한 세계 일류 군대를 보유한다는 목표를 세우고 있기 때문이다. 시나리오 1에서 미중관계는 2030년대 후반까지는 경제력과 군사력 경쟁을 포함하는 전면적 전략경쟁으로, 이후 군사력 경쟁이 주도하는 전략경쟁으로 펼쳐질 것이다. 중국으로서는 끝나지 않은 세력전이를 완결하기 위해서, 미국으로서는 세력전이를 차단하기 위해서 2050년까지 장기적 전략경쟁이 계속될 것이다.

시나리오 1에서 2030년대 후반 중국이 경제력에서 미국을 추월하고 군 현대화를 일단락 짓는다면 미국과 세력균등 구간에 진입할 것이다. 중국이 타이완을 침공한다면 이때가 될 가능성이 있다. 그러나 여전히 힘의 우위가 불확실하고 세력전이가 유리하게 진행중인 상황에서 타이완 침공의 가능성은 배제할 수는 없으나 높지는 않을 것이다.

2050년까지 미중관계 전망 시나리오 2:
2050년까지 세력전이 미실현

그러나 현재 국면에서 IMF를 비롯한 전문기관들의 경제력

예측으로 볼 때 미중관계는 시나리오 1보다는 시나리오 2로 전개될 가능성이 더 크다. 시나리오 2는 2050년까지도 중국의 추월은 없고 세력전이 또한 실현되지 않는 경우이다. 이 경우에도 전면적 전략경쟁은 계속될 것이다. 중국은 군 현대화를 달성하고 5% 이상의 경제성장을 유지하여 시나리오 1을 실현시키고자 할 것이기 때문이다.

어느 시나리오가 현실화되던 전략경쟁은 계속된다. 다만 시나리오 2에서 전략경쟁은 조기에 완화될 것이다. 2020년대 후반 혹은 2030년대 초에 중국경제의 성장이 3%대로 내려앉고 부분 세력전이의 가능성조차 점차 멀어짐에 따라 전략경쟁은 완화될 것이다. 이 시기 중국에서는 보다 시장중시 개혁지향의 국제협력 리더십이 등장할 가능성이 크다. 이럴 경우 미중관계는 '세력전이 장기 진행'과 '완화된 전략경쟁'으로 전개될 것이다. 여기에 대화채널이 작동하고 리더십의 인식과 전략이 호혜적으로 바뀐다면 미중관계는 '경쟁과 협력의 관계'로 전환될 수도 있다.

시나리오 2에서 장기적인 미중관계는 세력전이 장기 진행, 완화된 전략경쟁, 갈등의 관리와 협력의 확대가 공존하는 관계로 전개될 가능성이 크다. 2030년대 초반 부분 세력전이조차 실현되지 않을 것이 확실해지면서 미중 간 전략경쟁은 완화되고 갈등을 관리하면서 협력과 공존을 모색하는 미중관계로 전환될 것이다. 중국은 여전히 미국이 주도하는 국제질서하에서 왕이 외교부장이 주장했듯이 미국과 '평화공존'을 모색하면서[201] 미국과 대등한 위상을 향해 경쟁과 협력의 관계를 추구할 것이다.

시나리오 2에서 2050년까지 세력전이로 인한 '예정된 전쟁'은 없다. 그렇다고 미중관계에서 충돌이나 전쟁의 위험성이 완전히 사라지는 것은 아니다. 중국은 2030년대 후반까지 첫 번째 시나리오를 실현하기 위해 질주할 것이고 여기에 군 현대화를 달성한다면 중국의 힘은 이때 미국에 가장 근접하게 될 것이다. 2030년대 후반 중국의 힘은 미국을 추월하지는 못하지만 미국과의 '세력균등 구간'에 진입할 수도 있다. 시나리오 2에서도 2030년대 후반까지는 치열한 전략경쟁이 계속될 것이기 때문에 미중간 세력변동에 의한 구조적 긴장이 증폭될 수 있고, 앞서 논의했던 '불씨'와 '불꽃'들이 미중 간 구조적 긴장을 군사적 충돌로 점화시킬 수 있다. 남중국해에서 미중 간 해상 충돌, 타이완 문제로 인한 미중 간 충돌, 센카쿠/조어도 분쟁으로 인한 중일 충돌과 미중 충돌, 북한의 도발 혹은 북한의 붕괴로 인한 한미와 중국의 충돌 등이 미중 간 구조적 긴장을 점화시킬 수 있는 불씨 혹은 불꽃이 될 수 있다. 다른 한편, 2030년대 초 중국의 성장추세가 3% 대로 꺾이고 부분 세력전이 가능성이 사라진다면 중국에서는 리더십의 교체와 더불어 전략경쟁은 조기에 완화되고 미중은 평화적 공존을 찾아갈 것이다.

이러한 전망이 실제 정책결정의 입장에 주는 의미는 무엇인가? 미중관계가 장기적 관점에서 세력전이가 진행되겠지만 '평화적 공존'과 '경쟁과 협력의 관계'로 전개되기 위해서는 미국과 중국의 외교적 노력이 무엇보다 필요하다. 대화채널을 복구해서 경쟁을 관리하고 갈등을 예방해야 한다. '중국부상 견제국가'와 '현상변경 도전국가'라는 양립 불가능한 상호인식을 해소해야 한다. 미국의 국가안보전략이 중국을 현상변경 수정주의 국가로 규정하고 있지만 그렇게 단정할 수는 없기 때문이다. 과정의 국제정치를 통해 양립 불가능한 리더십의 상호인식을 상호수용이 가능하도록 이해와 신뢰를 쌓아가야 한다. 무역이 양국 간 평화에 기여할 수 있도록 경제협력을 복원해야 한다. 그렇게 함으로써 힘의 관계에서 기인하는 구조적 결과로서의 전략경쟁을 중단시킬 수는 없겠지만 경쟁을 관리하고 협력의 영역을 확장함으로써 미중 간 평화적 공존에 분명 기여할 것이다. 시진핑 3기와 트럼프 2기는 미중관계가 평화적 공존으로 안착될 수 있도록 그 기반을 조성하는 일을 최우선으로 추진해야 한다.

미중 전략경쟁하에서
한국의 길은?

조선 말 국가의 운명은 풍전등화와 같았다. 당시 주일본 청국 외교관 황준헌은 조선의 형국을 '지붕이 불타는 줄도 모르고 처마 밑에서 즐겁게 지저귀는 제비와 같다'고 했다.[202] '명분'을 좇아 무너지고 있던 청국을 붙들고 있던 위정척사나 '실리'를 좇아 일본과 같은 근대화를 통해 부국강병을 이루고자 했던 개화나 모두 나라를 구하지 못하였다. 우리가 역사에서 배워야 한다면 외교가 중요하고 국가안보가 운명을 가른다는 사실이다.

황준헌은 러시아의 팽창에 대비하여 중국과 '친'(親)하고 일본과 '결'(結)하며 멀리 미국과 '연'(聯)할 것을 담은 조선책략을 김홍집에게 건넸으나 그의 정세판단이 오판이었음은 역사가 말해 주고 있다. 반면, 냉전 초기 주소련 미국 외교관 케넌이 '소련 행동의 기원'을 현장에서 보고 제안했던 '봉쇄전략'은 오랜 시간이 지나 결국 냉전 종식의 한 요인이 되었다. 정확한 정세 판단에 입각한 국가전략이 얼마나 중요한지 역사는 말해 주고 있다.

미국과 중국은 이미 한국과 한반도의 운명에 중대한 영향을 미쳤다. 한국전쟁에 중국이 참전하면서 북진통일은 무산되었다. 결과적으로 한미동맹이 탄생하게 되었다. 그러나 역설적이게도 냉전의 절정기에 미국과 중국이 화해를 모색하고 관계정상화에 합의하게 되자 남북한은 7.4 남북공동성명으로 남북 간 화해를 모색하게 되고 또한 한국의 유신체제를 정당화시키는 국제정치적 배경이 되었다.

미중관계는 '포용'을 접고 '경쟁'의 관계로 전환되었다. 미중 간 전략경쟁은 앞으로도 상당 기간 진행될 것이다. 미중 간 전략경쟁은 한국을 비롯한 많은 중강국들이 움직여야 할 국제정치 공간에 구조적 조건으로 작동할 것이다. 이러한 구조적 조건하에서 한국의 외교와 국가전략은 무엇이어야 하는가?

한중관계의 진전

1992년 수교 이후 한중관계는 급속히 진전되었다. 무엇보다 양국 간 경제관계가 한중관계를 이끌었다. 대사관 개설 이전 1991년 양국은 무역대표부를 먼저 설치하여 홍콩, 싱가포르를 거치던 우회무역을 직접무역으로 전환시켰다. 수교 당시 64억 달러에 불과하던 무역량은 2022년 3,000억 달러를 넘었다. 2004년 이후 중국은 한국의 최대 교역국이 되었다. 산업구조의 상호보완성과 지리적 인접성이 그동안 양국 간 경제교류를 견인했다. 2015년에는 한중 FTA가 체결되고 양국 간 무역은 더욱 확대되었다. 그러나 2023년 한중 무역량은 큰 폭으로 줄었고 한국은 약 30년 만에 처음으로 무역수지 적자를 기록했다. 중국의 전반적인 경제침체와 미국으로의 무역전환 때문이었다.

'선린우호'로 시작되었던 한중관계는 '전면적 협력'을 거쳐 '전략적 협력' 관계로 진전되어 왔다. 비록 성과를 내지는 못했지만 한반도 비핵화를 향한 수년간의 6자회담을 통해 전략적 협력을 도모하기도 했다. 그러나 한중 전략적 협력에는 한계가 있을 수밖에 없다. 한중관계는 한미동맹의 구조적 제약을 넘어설 수는 없기 때문이다. 2016년 한국이 주한미군의 사드 배치를 결정하면서 한중 전략적 협력의 한계는 여실히 드러났다. 북한의 핵·미사일 위협에 대한 자위적 조치이고 한미동맹의 안보이익 때문에 불가피한 결정이라는 점을 중국이 모를 리 없었을 텐데도 뒤이은 광범한 경제제재는 한중 전략적 협력의 한계를 절감하는 계기가 되었다. 또한 한중 전략적 협력에 대한 상호 간의 기대과잉이 깨지는 계기도 되었다. 중국은 한국이 한미동맹을 훼손해서라도 중국의 전략적 이익을 우선시할 것이라는 과잉기대가 있었고,

한국은 중국이 북한의 핵·미사일 개발에 대해 한국의 안보이익을 관철해 줄 수 있을 것이라는 과잉기대가 있었다. 이러한 상호 간의 기대는 말 그대로 과잉기대일 수밖에 없다.

이러한 한계에도 불구하고 한중관계는 한국의 국가전략에서 중요한 한 축이다. 한중은 수교 이래 경제협력을 통해 최상의 경제적 이익을 공유해 왔고 양국 경제성장의 큰 동력이었다. 한미동맹에 기인하는 구조적 제약이 있음에도 불구하고 한중 전략적 협력은 한반도의 평화적 관리, 미래의 한반도 통일, 동북아의 안정과 평화에 매우 중요한 기능을 수행할 것이다. 국가전략의 중요한 한 축으로서 한중관계는 상호 간에 과잉기대를 하지 않는 합리적이고 호혜적인 관계로 발전시켜 나가야 한다.

한미동맹의 진화

3년간의 한국전쟁은 38선을 휴전선으로 바꿔놓는 것으로 끝났다. 미국을 비롯한 UN군의 참전에도 불구하고 중국의 참전, 소련의 군사지원 때문이었다. 한미동맹은 정전 후에도 재현될 수 있는 이러한 군사적 위협을 배경으로 탄생했다. 한국에 대한 군사안보 위협으로부터의 보호, 소련과 중국에 대한 봉쇄의 보루로서의 한국이라는 차원에서 시작된 동맹이었다. 따라서 한국으로서 한미동맹은 그 탄생의 배경이 되었던 군사안보 위협이 사라질 때까지 핵심적인 안보 축일 수밖에 없다. 20세기의 전쟁이 다시는 한반도에서 재현되지 않도록 해야 하기 때문이다. 한미동맹은 한국의 자강과 더불어 전쟁을 예방하고 국가안보를 지키는 국가전략의 핵심 축이다.

한미동맹은 탄생 이후 진화해 왔다. 군사안보동맹으로 시작되었던 한미동맹은 '포괄적 전략동맹'을 거쳐 '글로벌 포괄적 전략동맹'으로 진화했다. 2009년 이명박 대통령과 버락 오바마 대통령은 정상회담에서 '한미동맹 공동비전'을 발표하였다. 한반도를 중심으로 하는 군사동맹에서 아태지역과 세계로 동맹의 공간을 확장하고 군사안보뿐만 아니라 다양한 글로벌 의제들에 대해서도 한미 간 협력을 확장한다는 비전이었다.

2023년 윤석열 대통령과 조 바이든 대통령은 한미동맹 70주년을 기념하는 정상회담을 워싱턴에서 개최하였다. 먼저 별도의 '워싱턴 선언'에서 확장억제와 상호방위를 더욱 강화한다는 양국의 의지를 확인하였다. 특히 북한 핵 위협에 대한 확장억제의 구체적인 실행 방안들을 담고 있다.[203] 뒤이어 '글로벌 포괄적 전략동맹'에 관한 공동성명에서는 한미동맹을 한반도를 넘어 '인도·태평양 지역의 평화와 번영의 핵심축'으로 발전시키고, 21세기 세계가 직면하고 있는 현안들에 대해서도 글로벌 포괄적 협력을 확장한다는 양국의 약속을 발표하였다.[204]

공동성명에서는 글로벌, 인도·태평양, 그리고 한미 양국 차원에서의 주요 의제들과 협력방안을 제시하였다. 글로벌 차원에서는 민주주의 정상회의, NATO와 G7과의 파트너십, 기후변화, 한반도 비핵화 등의 의제에 대한 협력을 약속하였다. 인도·태평양 차원에서는 '자유롭고 열린 인도·태평양', 자유 공정 무역체제, 공급망 보호, 한미일 협력, 타이완 해협의 평화와 안정, 항해와 비행의 자유 그리고 남중국해를 포함하는 해양의 합법적 사용 등의 의제에 대한 양국의 협력을 확인하였다. 한미 양국 차원에서는 반도체, 철강을 포함한 무역 관련 현안, 핵심 기술에 대한 상호 호혜적인 공급망 생태계 구축, 미국의 '반도체법'과 '인플레이션 감축법'에 대한 한국 기업의 우려 사항, 경제안보 증진, 사이버 안보, 우주 협력 등의 의제들에 대한 협력을 약속했다.

한미동맹은 한미 양국의 상호방위가 일차적 목적이다. 그러나 한국의 국제적 위상이 올라가고 국제체계의 구조적 변동에 따른 불안정성이 커지는 한편 경제안보, 사이버 안보, 기후변화, 해양질서와 같은 신안보 위협이 확산됨에 따라 한미동맹의 지리적 공간과 영역 또한 확장되어 왔다.

가치외교 혹은 실리외교?

우리 외교의 방향을 고민하게 되면 무엇보다 먼저 '가치'와 '실리'의 문제가 제기된다. 이는 우리 역사에서도 간혹 반복되었던 '명분'과 '실리'의 대립이기도 하다. 한국의 외교는 가치를 우선으로 좇아야 하는가, 아니면 실리를 최종으로 찾아야 하는가? 궁극적으로 가치와 실리는 상호배타적인 선택의 문제인가?

외교는 무엇보다 국익을 실현하는 일이다. 나라의 이익을 챙기는 일이 최우선이다. 가치의 차이에도 불구하고 이익을 공유하는 일은 국제관계에서 매우 흔한 일이다. 냉전의 절정기에 미국과 중국이 상하이공동성명으로 관계정상화에 합의한 일이나, 한국이 북방정책으로 소련, 중국과 외교관계를 수립한 일들이 모두 이러한 예들이다. 나아가 두 나라가 장기간 이익을 공유하게 되면 가치의 공유로까지 관계는 진화할 수 있다. 한미동맹 또한 양국 간 상호방위라는 안보이익의 공유에서 시작해서 민주주의와 시장경제, 자유주의 국제질서의 규범과 가치를 공유하는 가치동맹으로 진화하였다.

다른 한편, 명분 없는 이익의 탐욕은 국제관계에서도 지탄의 대상이다. 혹은 다른 국가들에 의해서 차단되기도 한다. 이익은 대개 명분 혹은 가치로 정당화된다. 따라서 실리를 추구하는 실리외교도 가치를 구현하는 가치외교와 같이 간다. 미국의 바이든 행정부가 추진했던 '민주주의 정상회의'는 공동의 가치로 연대한 실리외교의 예이다. 그러나 전략경쟁이 가치갈등으로 포장되어 간혹 '가치의 진영화'를 초래하기도 한다. 이럴 경우 외교를 통한 협상과 타협의 가능성은 최소화되고 만다. 바이든 행정부의 「국가안보전략」은 미중 간 전략경쟁의 한 축을 민주국가 대 독재국가 간 대립과 갈등으로 본다. 가치외교가 경계해야 할 지점이다.

실리외교와 가치외교를 통해서 실제 국익을 증진시키는 외교를 실용주의 외교라 할 수 있을 것이다. 그렇다면 한국의 외교는 미중 간 전략경쟁하에서 당연히 실용주의 외교를 추진해야 할 것이다.

한국에서 실리외교와 가치외교가 쟁점이 된 것은 한국의 외교사에서 종종 있었던 일이다. 그러나 최근에 다시 쟁점으로 부각된 것은 미중 간 전략경쟁이 가열되면서 한국의 외교는 누구를 선택해야 하는가 하는 문제와 깊은 관련이 있다. 한미동맹은 가치외교에 기반해 있고 한중관계는 실리외교에 기반해 있다는 인식의 연장에서 쟁점이 되고 있는 것이다. 위에서 논의했듯이 한국은 이익, 가치, 혹은 이익과 가치를 통해서 국익을 증진시키는 실용주의 외교를 추진해야 한다. 마찬가지로 한국외교 아키텍처에서 한중관계는 중요한 축이고 한미동맹은 핵심 축이다. 어느 국가도 외교의 대상을 사전에 한정하거나 미리 선택하지 않는다.

한국은 한국 외교의 두 축인 미국, 중국과 안보이익, 경제이익을 비롯한 이익을 최대한 공유하는 실용주의 외교를 실천해야 한다. 한국의 입장을 거듭 묻는다면 세계 어느 나라와 마찬가지로 '입장을 정하지 않는 것'이 한국의 '입장'이 될 것이다.

글로벌 중추외교

한미동맹은 한국의 국가전략에서 핵심 축이고, 한중관계는 중요한 축의 하나이다. 그렇다면 진행 중인 미중 간 전략경쟁하에서 한국의 외교는 어디로 나아가야 하는가?

한국의 외교는 세계를 향해 나아가야 한다. 전 세계 다수의 국가들과 민족들 그리고 시민들이 지향하는 보편적 가치와 공동이익의 실현, 즉 '글로벌 중추'를 지향해야 한다. 전 세계 다수의 국가들과 민족들이 지향하는 국제질서의 근간이 글로벌 중추이고, 이러한 글로벌 중추를 주도할 의지와 역량을 갖춘 국가가 글로벌 중추국가이다. 민주주의와 인권, 시장경제와 자유무역, 평화와 번영, 비핵평화, 자유롭고 열린 해양질서, 항해와 비행의 자유, 지구 보호와 기후변화 대응 등은 전 세계 다수의 국가들과 민족들이 지향하는 보편적 가치이고 공동이익이다. 이들은 또한 한국이 실현하고자 하는 가치이고 한국이 성장해 온 이익의 기반이다. 한국의 외교는 이러한 보편적 가치를 구현하고 공동의 이익을 실현하는 '글로벌 중추외교'를 지향해야 한다.

한국은 글로벌 중추를 지향하는 국가들과 '글로벌 중추국가 연대'를 주도할 필요가 있다. 여기에는 민주주의와 시장경제를 중심으로 보편적 가치와 공동의 이익을 지향하는 글로벌 중추국가들이 참여할 수 있을 것이다. 영국·프랑스·독일·이탈리아 등 유럽 국가들, 일본·호주·말레이시아·인도네시아·필리핀 등 아시아 국가들, 브라질·아르헨티나·칠레 등 남미 국가들이 주요한 참가국이 될 수 있을 것이다. 연대의 형식은 소자 혹은 다자 형태의 외교 협의체 혹은 공동체가 될 수 있을 것이다. '보편적 가치와 공동의 이익'을 향한 글로벌 중추를 지향한다면 중국과 미국도 주요한 참여국이 될 수 있을 것이다. 그렇지 않다면 글로벌 중추국가 연대는 미국과 중국이 그리고 미중관계가 보편적 가치를 구현하고 공동의 이익을 실현하는 데 기여할 수 있도록 요구할 수 있을 것이다. 나아가 미중관계가 갈등이나 충돌로 전화되지 않고 평화적 공존을 모색하도록 지원할 수도 있을 것이다.[205]

한국의 길에 대해 그동안 많은 유사한 고민들과 유사한 제안들이 있었다. 한반도의 지정학과 한국의 발전 경험을 기반으로 해양과 대륙, 개도국과 선진국, 그리고 지역 현안과 글로벌 의제 간 가교역할을 수행함으로써 평화와 번영을 이룬다는 '교량 국가론'이 그 하나이다.[206] 한반도의 국제정치가 주변 강대국 간 갈등과 제로섬 이익의 충돌로 험난해지는 국면에서 조성과 중새의 외교를 통해 이익의 균형을 조성한다는 '균형 국가론'도 제시되었다. 한국이 동북아의 세력균형이 아니라 이익균형을 주도한다는 외교전략이었다. 미중 간 전략경쟁이 치열해지는 상황에서 미국과 중국 모두에 일정 부분 편승하는 전략으로서 '절충적 편승론'도 제기되었다.[207] 이들 제안들은 한반도의 지정학적 조건에서 한국의 길을 고민한 결과이지만, 한국 외교의 지평이 동북아 지역으로 한정되고 한국의 입장 정하기(positioning)에 초점이 맞춰져 있는 아쉬움이 있다. 한국의 의지와 역량을 기반으로 세계와 미래를 담는 한국외교의 방향이 설정되어야 한다.

이런 관점에서 강대국 주도의 질서를 그대로 수용하기보다는 중추적 중견국들이 소다자체제의 외교를 통해 대다수 국가에 공평하게 적용 가능한 규범 만들기를 주도하는 '중추적 중견국 외교'는 보편적 가치 구현으로 실리를 실현하는 주도적 외교전략이다.[208] 조선 말 '명분'으로 청조를 붙들어도, '실리'를 좇아 일본을 배우고자 했어도 나라를 구하지 못했던 우리 역사의 비극에서 실리외교와 가치외교의 변증법적 종합을 구현하는 '전략적 실용주의' 외교전략도 제시되었다.[209] 보편적 가치와 공동의 이익을 지향하는 글로벌 중추외교와 상통한다. 미중 전략경쟁이 심화되면서 국제질서의 불확실성이 증대하는 한편 한국의 신장된 국제적 위상에 따라 외교 패러다임의 전환이 필요하고, 이런 관점에서 '유연성의 외교'가 제시되기도 했다.[210] 이들 제안들은 모두 실리를 좇되 가치를 포기하지 않고, 가치를 구현하되 실리를 포기하지 않는 외교전략이라는 점에서 여기서 제안하고 있는 '글로벌 중추외교'와 일맥상통한다.

21세기 한국의 국가전략은 보편성과 특수성에 기반한 전략을 함께 담을 수밖에 없다. 한국이 현대사를 거쳐오면서 치렀던 희생과 고통의 대가로 누리고 있는 민주주의, 한국이 성장하는 기반이 되었던 시장경제와 자유무역, 이러한 가치와 이익을 지향하는 전 세계 다수 국가들의 열망에 기여하는 '글로벌 중추외교'는 보편성에 기반한 한국의 국가전략이다. 분단된 채 70년이 넘은 섬 아닌 섬나라 한국의 지정학, 핵미사일 위협과 러시아에 대한 군사지원으로 고립과 대립을 자초하고 있는 북한, 러시아와의 합동군사훈련 등 중국의 모호한 전략적 태도 등 70년 전의 한반도 국제정치가 재현되는 듯한 상황에서 한미동맹을 강화하고 확장하는 것은 한국의 특수성에 기반한 국가전략이다.

주

1   Blinken 2021.
2   다음 뉴스 참조. YTN. "中, 트럼프 대통령 '관계 단절' 발언에 '협력이 이익'." 2020.
    5. 15. https://www.ytn.co.kr/_ln/0104_202005151820434361; *The Guardian*.
    "Trump again threatens to cut China ties after US official ruled it out." June
    19, 2020. https://www.theguardian.com/us-news/2020/jun/19/trump-again-
    threatens-to-cut-china-ties-after-us-official-ruled-it-out; *U.S. News*. "Trump
    Threatens to 'Cut Off' Relationship With China, Claims Coronavirus Proved
    'Trump Was Right'." May 14, 2020. https://www.usnews.com/news/economy/
    articles/2020-05-14/trump-threatens-to-cut-off-relationship-with-china-claims-
    coronavirus-proved-trump-was-right;
3   Haass et al. 2019.
4   Han and Paul 2020.
5   앨리슨 2018.
6   McFaul 2020.
7   Mearsheimer 2014, 29.
8   Waltz 1979.
9   Organski 1958.
10 Mearsheimer 2014.
11 Kim 2023 참조.
12 Mearsheimer 2014, 130-133.
13 Lee 2013 참조.
14 Johnston 1999.
15 앨리슨 2018, 5장; Mearsheimer 2006 참조.
16 White House 2022.
17 Kim 2024, 200; Wednt 1992.
18 Nye 2021.
19 Keohane and Nye 1977.
20 Keohane 2005.
21 세력관계가 안정적일 경우 무역 당사국들은 무역의 절대적 이득(absolute gain)만
    으로도 만족하겠지만, 세력관계가 불안정할 경우 무역 당사국들은 무역의 '상대적

이득'(relative gain)에 관심을 갖지 않을 수 없게 된다(Gilpin 1987, Chapter Five 참조). 미국의 트럼프 행정부에서 시작된 미중 간 무역분쟁은 미중 간 진행중인 세력 전이하에서 궁극적으로 미국이 중국과의 무역에서 엄청난 규모의 상대적 손실을 보고 있다는 현실의 인식에서 촉발된 것이다.

22 Ross 2020.

23 Calder 2014.

24 Blinken 2021.

25 Organski 1958, 332-333.

26 김우상 2004.

27 김영준 2015; 김우상 2004; 吳心伯 2022; 余珍艶 2018; Kim and Gates 2015; Lai 2011; Tammen and Kugler 2006; Kugler and Organski 1989; Organski and Kugler 1980 등 참고.

28 Beckley 2023b; Oneal et al. 1998.

29 Beckley 2023a, 2023b 참조.

30 Brands and Beckley 2021.

31 이 책의 "중국은 미국을 따라잡을 것인가?" 참고.

32 베클리는 2030년대가 되면 중국은 경제적·전략적 역풍을 감당하기 어려워 야망을 자제하고 미국과 외교적 타결을 이룰 수도 있다고 본다. 그러나 정점에 이르고 쇠퇴가 예상되는 '지금'이야말로 가장 '위험'한 시기라는 점을 강조한다. Beckley 2023a.

33 Brands and Beckley 2021.

34 베클리는 '쇠퇴하는 국가'(declining power), '부상하는 국가'(rising power), '피크에 이르는 국가'(peaking power) 혹은 '피크 국가'를 구별한다. '피크에 이르는 국가'는 장기간 부상해 왔으나 조만간 더 이상 부상하지 못하고 정체나 쇠퇴가 예상되는 국가를 의미한다. Beckley 2023a.

35 Beckley 2023b.

36 Wigglesworth 2023.

37 Beckley 2023b.

38 조대호 2023; 앨리슨 2018, 66-68 참조.

39 앨리슨 2018, 72-73.

40 앨리슨 2018, 58.

41 앨리슨 2018, 60.

42 앨리슨 2018, 18.

43 다음 참조. Belfer Center. Thucydides's Trap Case File. https://www.belfercenter.org/programs/thucydidess-trap/thucydidess-trap-case-file

44 Kang and Ma 2018.

45 앨리슨 2018, 82-84 참조.

46 *China Daily*. "Full text: President Xi's speech on China-US ties." 22 September 2015. https://www.chinadaily.com.cn/world/2015xivisitus/2015-09/24/content_21964069.htm

47 앨리슨 2018, 78.

48 앨리슨 2018, 24; Allison 2015.

49 앨리슨 2018.

50 앨리슨 2018, 82-83.

51 Mearsheimer 2014, 178.

52 Mearsheimer 2014, 219-224 참조.

53 미어샤이머에 의하면 1941년 미국의 잠재적 세력은 일본의 8배 정도였다. Mearsheimer 2014, 219-220 참조.

54 앨리슨 2018, 81.

55 앨리슨 2018, 79.

56 Mearsheimer 2014.

57 U.S. Embassy and Consulates in China 2018; 주중 미국 대사관은 미중관계의 시작부터 20세기까지의 주요 사실들을 여기에 올려놓고 있다. 또한 미국 외교협회에서는 1949년부터 2024년까지 미중관계의 주요 사건을 중심으로 연표를 작성하여 올려놓고 있다. 다음 참조. https://www.cfr.org/timeline/us-china-relations

58 Cohen 2000, 258-261.

59 U.S. Embassy and Consulates in China 2018. https://china.usembassy-china.org.cn/history-of-the-u-s-and-china/?_ga=2.257978371.869611845.1730519177-1814332719.1730519177

60 Cohen 2000, 380-381.

61 Cohen 2000, 381-382.

62 张文木 2010.

63 United States Marine Corps, Department of the Navy, and Coast Guard 2020, 4.

64 중국 상하이사회과학원과 미국 인구조사국의 2037년과 2038년 중국과 미국의 인구 추정이다. 다음 장 참조.

65 세계은행은 2024년 7월 기준 1인당 GNI가 1,145달러 이하인 국가를 저소득 국가, 1,146~4,515달러 사이 국가를 하위 중진국, 4,516~14,005달러 사이 국가를 상위 중진국, 14,006달러 이상인 국가를 고소득 국가로 분류하고 있다. https://blogs.worldbank.org/en/opendata/world-bank-country-classifications-by-income-level-for-2024-2025

66 World Bank Data. https://data.worldbank.org/indicator/NY.GNP.PCAP.CD?locations=CN

67 IMF World Economic Outlook (October 2024), https://www.imf.org/external/

datamapper/NGDPDPC@WEO/CHN?zoom=CHN&highlight=CHN.

68   Lee 2022, 457.

69   Waltz 1979.

70   IMF 2024 데이터에 근거해서 산출.

71   Organski 1958, 322.

72   Tammen and Kugler 2006 참조.

73   Rajah and Leng 2022.

74   The Economist 2023a 참조.

75   The Economist 2023a 참조.

76   The CEBR 2023.

77   *NIKKEI Asia*. 2022.

78   *Global Times* 2024.

79   IMF 2024.

80   Bloomberg 2023.

81   Rajah and Leng 2022.

82   *The Economist* 2023a 참조.

83   *The Economist* 2023b 참조.

84   Capital Economics 2024; 2023.

85   Lee 2024 참조.

86   Peng 2022 참조.

87   2019년 UN 인구전망 보고서는 중국의 인구가 2031-2032년에 정점에 이를 것으로
     예상했다. Peng 2022.

88   Peng 2024.

89   United States Census Bureau 2023.

90   *The Economist* 2023b.

91   Capital Economics 2023 참조.

92   Rajah and Leng 2022 참조.

93   Wigglesworth 2023.

94   Lardy 2019.

95   Lee 2022 참조.

96   이영학 2016 참조.

97   C4ISR은 지휘·통제·통신·컴퓨터·정보·감시·정찰 복합체계를 의미한다.

98   US Department of Defense 2023.

99   Scobell and Stephenson 2023 참조.

100 *The Soft Power 30* 참고. https://softpower30.com/

101 *The Soft Power 30* (2019) 참조. https://softpower30.com/wp-content/up-

loads/2019/10/The-Soft-Power-30-Report-2019-1.pdf; 반면, 브랜드 평가회사인
Brand Finance는 설문조사에 따른 소프트 파워 순위를 발표하는데, 여기서 발표한
Global Soft Power Index 2024에 따르면 미국, 영국에 이어 중국이 3위로 평가되고
있다. 다음 참조. https://brandfinance.com/press-releases/brand-finances-glob-
al-soft-power-index-2024-usa-and-uk-ranked-top-nation-brands-china-takes-
third-place-overtaking-japan-and-germany

102 라이(David Lai)는 시진핑 체제가 출범하기 이전 2011년 힘의 열위에 있는 중국이
"변화를 위한 필사의 경쟁"(deadly contest for change)을 선택하지는 않을 것이라
고 했다. 이는 미래에도 마찬가지일 것이다. Lai 2011.

103 White House 2022.

104 Wang 2021.

105 Johnston 2003.

106 Johnston 2019.

107 앨리슨 2018, 제8장.

108 Clinton 2011.

109 Moss 2013.

110 Gill and Switzer 2015.

111 Xu and Albert 2016.

112 US Department of Defense 2015.

113 미국 국무부의 C5+1 Diplomatic Platform 안내 참조. https://www.state.gov/
c51-diplomatic-platform/

114 Tiezzi 2014b.

115 김성철 2015 참조.

116 McBride et al. 2021.

117 이윤영 2021.

118 이윤영 2021.

119 『동아일보』 2021년 9월 17일. https://www.donga.com/news/article/all/2021
0917/109302243/1

120 재균형과 역균형이 시간상 정확하게 도전과 응전으로 이뤄진 것은 물론 아니다. 미
국의 재균형에 중국이 역균형으로 대응하고, 중국의 역균형에 미국이 다시 대응하는
방식으로 전개되어 갔던 것이 사실이다.

121 Tiezzi 2014a 참조.

122 The State Council of the PRC. http://english.gov.cn/beltAndRoad/

123 McBride et al. 2023.

124 洪鵠 2013.

125 傅梦孜, 楼春豪 2015.

126 이영학 2015; Xi 2014.

127 Swaine 2015a.

128 이런 점은 중국 학자 薛力(2014)도 동의한다.

129 国防部 2017.

130 胡欣 2018; 谌力, 汪丽, 韦政 2017; 梁庆松 2016; 许可 2016 등 참조.

131 Kennedy 2019 참조.

132 Gunness 2019 참조.

133 Rolland 2019.

134 중국 학자 钟飞腾(2021)도 미중 간 남중국해 갈등을 지정학적 세력정치에 따른 전
략적 경쟁으로 분석한다. 그러나 중국이 이 지역을 군사화함으로써 미중 간 직접적
인 군사적 갈등으로 전개되고 있다는 사실은 외면하고 있다.

135 中華人民共和國 國務院 新聞辦公室 2015.

136 아퀼리노(John Aquilino) 전 미국 인도태평양사령관은 2022년 3월 인터뷰에서 중
국이 남중국해 남사군도의 수비, 미스치프, 파이어리 크로스 등 3개 인공섬에 대함
대공 미사일, 레이저와 전파방해장치, 전투기 등을 배치하여 군사화를 완료하였다고
밝히고 있다.『조선일보』2022년 3월 22일, A14; 남중국해 최근 상황에 관해서는 다
음을 참조. China Island Tracker by Asia Maritime Transparency Initiative, CSIS:
https://amti.csis.org/island-tracker/china/

137 习近平 2014.

138 Swaine 2015b.

139 Lee 2017.

140 Lai 2016.

141 杨洁篪 2013.

142 Lee 2012.

143 Lee 2013 참조.

144 习近平 2014.

145 조영남 2013.

146 『人民日报』,"中央外事工作会议在京举行"(2014年11月30日).

147 习近平 2019.

148 U.S. Department of Defense. 2023.

149 White House 2017.

150 U.S. Department of Defense. 2019.

151 White House 2021.

152 White House 2022.

153 White House 2022.

154 Wang 2021.

155 Haass et al. 2019.

156 Zhao 2019 참조.

157 Nye 2021.

158 US Department of State, Office of Historian, "Rapprochement with China, 1972." https://history.state.gov/milestones/1969-1976/rapprochement-china.

159 PRC Ministry of Foreign Affairs. "30 years of Sino-US Relations (2)." https:// www.mfa.gov.cn/eng/zy/wjls/3603_665545/202405/t20240530_11342935.html. 스노우 기자는 대장정 이후 중국공산당의 근거지였던 옌안을 방문하여 마우쩌둥, 저 우언라이 등 중국공산당 지도자들과 인터뷰를 하고 1937년『중국의 붉은 별』(*Red Star over China*)을 출판하였다. 그는 마우쩌둥 등 중국공산당 지도자들과 친밀한 관계를 유지하였다.

160 1954년 9월 제1차 타이완해협 위기 이후 미국과 타이완은 12월 중미상호방위조약 을 체결하고 미국은 타이완에 미군을 주둔시켰다. 타이완 주둔 미군과 미군 군사시 설은 1979년 1월 미중 관계정상화 이후 실제 철수했다.

161 Hsü 1990 참조.

162 지미 카터 대통령은 중국과 외교관계를 수립함으로써 냉전전략뿐만 아니라 중국의 자유화 가능성도 고려했던 것으로 보인다. 다음을 참조. https://www.cartercenter. org/news/features/p/china/40-anniversary-china-relations.html

163 2021년 11월 바이든 대통령과 시진핑 주석 간 화상 정상회담 이후 중국 외교부 브 리핑 참조. http://us.china-embassy.gov.cn/eng/zmgxss/202111/t20211117_ 10449571.htm

164 '화평연변'은 평화롭게 서서히 중국의 체제변동을 도모한다는 의미이다.

165 중국 공안부의 사후 발표에 따르면 민간인 사망자는 875명, 민간인 부상자는 약 14,550명이었으며, 군인과 전경은 56명이 사망, 7,528명이 부상당했다. 위키백과 '1989년 천안문 사건' 검색.

166 Ministry of Foreign Affairs, PRC 2024.

167 President Clinton 1999; Seelye 1999 참조.

168 Pickering 1999 참조.

169 Kennedy 2024.

170 Li 2017.

171 Setser 2024 참조.

172 중국 해관총서(中国 海关总署, 세관) 통계에 따르면, 2023년도 미국과의 무역총액 은 6,645억 달러, 이 중 대미 수출은 5,003억 달러로 발표하고 있다(https://sput- niknews.cn/amp/20240112/1056299588.html). 반면 미국 Census Bureau 통계 는 2023년 중국으로부터의 수입액을 4,269억 달러로 집계하고 있다(https://www. census.gov/foreign-trade/balance/c5700.html). 중국의 대미 수출액이 미국이 집

계한 중국으로부터의 수입액보다 734억 달러 높게 발표되고 있다. 또한 중국이 발표한 대미 무역총액은 6,645억 달러로, 미국이 발표한 중국과의 무역총액 6,529억 달러보다 더 많고, 여기에 베트남, 멕시코 등을 통한 중국의 우회수출까지 고려한다면 2023년도 실제 미중 무역량은 전년도보다 크게 떨어진 것은 아닐 것으로 추정된다.

173 Perterson Institute for International Economics(PIIE)에 올라 있는 "US-China Trade War Tariffs: An Up-to-Date Chart"(Bown 2023) 참조. https://www.piie.com/research/piie-charts/2019/us-china-trade-war-tariffs-date-chart; 무역전쟁 이전에 미국은 중국 수입에 대해 평균 3.5% 전후, 중국은 미국 수입에 대해 평균 8% 정도의 관세를 부과하였다.

174 김혁중 등 2023, 28-39 참조.

175 *New York Times* 기사 참조. https://www.nytimes.com/2023/05/21/business/china-ban-microchips-micron.html

176 김혁중 등 2023, 40-45 참조.

177 이해인 2024.

178 미국 재무부는 2024년 5월 중국산 흑연을 사용한 전기차 배터리에 대해서는 2년간 유예 기간을 허용하였다.

179 McFaul 2020.

180 Roberts 2023.

181 Gershman 2023.

182 Ross 2020; Mueller 2020.

183 Coats 2020.

184 Freeman 2020.

185 옌쉐퉁 2019.

186 왕지스 2018.

187 Zhu 2014.

188 赵明昊 2018.

189 中華人民共和國 國務院 新聞辦公室 2019.

190 Westad 2019 참조.

191 Lee 2022 참조.

192 Nye 2021.

193 Doyle 2023.

194 Ross 2020.

195 IMF 2023.

196 중국의 일대일로 공식 포털 참조. https://eng.yidaiyilu.gov.cn/; Pike 2023; Bradsher 2023 참조.

197 University of Essex 2024.

198 Ikenberry 2018.

199 Mearsheimer 2019.

200 자유주의 질서와 현실주의 질서가 양자택일의 하나로서만 국제질서를 구성한다고 보는 미어샤이머의 주장은 이론의 간명성을 인정하더라도 비현실적이다. 실제의 국제질서에는 현실주의적 측면과 자유주의적 요인들이 복합적으로 엮여 있는 것이 일반적이다. 미어샤이머를 비롯한 현실주의 국제정치학자들이 자유주의 질서는 미국의 패권과 같은 국제정치적 구조에 기반하고 있다고 보는 것 자체가 국제질서의 이러한 복합적 특성을 인식하고 있는 것이다.

201 Wang 2021.

202 黃遵憲 1880.

203 미국 백악관의 다음 사이트 참조. https://www.whitehouse.gov/briefing-room/statements-releases/2023/04/26/washington-declaration-2/?utm_source=link

204 미국 백악관의 다음 사이트 참조. https://www.whitehouse.gov/briefing-room/statements-releases/2023/04/26/leaders-joint-statement-in-commemoration-of-the-70th-anniversary-of-the-alliance-between-the-united-states-of-america-and-the-republic-of-korea/; 한국 외교부의 다음 사이트 참조. https://www.mofa.go.kr/www/brd/m_24806/view.do?seq=186&page=1

205 Zhiqun Zhu 교수는 미중 간 전략경쟁에서 어느 한쪽을 선택하지 않고 자국의 국가이익을 실현하기 위한 '중강국 연대론'(coalition of middle powers)을 제안한다. 여기서 제안하는 '글로벌 중추국가 연대'는 선택과 비선택의 문제가 아니라 가치와 이익을 공유하는 연대라는 점에서 차이가 있다. Zhu 2021 참조.

206 김기정 2019, 262-263 참조.

207 김기정 등 2021, 50-67 참조.

208 김우상 2016.

209 박건영 2021.

210 김기정 등 2021.

참고문헌

한국어 문헌

김기정. 2019. 『한국 외교 전략의 역사와 과제』. 서울: 서강대학교출판부.

김기정 · 김정섭 · 남궁곤 · 이희옥 · 장세호 · 조은정. 2021. 『미중 경쟁과 한국의 외교 유연성』. 서울: 국가안보전략연구원.

김성철. 2015. 『미일동맹의 강화와 미일방위협력지침의 개정』. 성남: 세종연구소.

김영준. 2015. "세력전이론의 전개, 진화, 그리고 적용에 대한 고찰." 『국제관계연구』 20(1): 177-209.

김우상. 2004. "세력전이이론." 우철구 · 박건영 편. 『현대 국제관계이론과 한국』. 서울: 사회평론.

김우상. 2016. 『중견국 책략: 미 · 중 사이 한국의 스마트 외교』. 서울: 세창출판사.

김혁중 · 오종혁 · 권혁주. 2023. "미국의 대중 반도체 수출통제 확대의 경제적 영향과 대응방안." 대외경제정책연구원 연구보고 23-20(12월 29일).

박건영. 2021. 『조선이 한국에 보내는 편지』 서울: 사회평론아카데미.

앨리슨, 그레이엄. 2018. 『예정된 전쟁』. 정혜윤 역. 서울: 세종서적.

옌쉐통(閻學通). 2019. "미중 경쟁이 냉전을 초래하는가?" 『성균 차이나 브리프』 8(1): 12-21.

왕지스(王緝思). 2018. "트럼프 집권 후 중미관계의 변화." 『성균 차이나 브리프』 6(1): 26-35.

이영학. 2015. "중국의 주변국 외교전략과 한국에 대한 함의." *INChinaBrief* 289 (04.20).

이영학. 2016. "시진핑 시기, 중국의 군 개혁과 한국에 대한 안보적 함의." *INChinaBrief* 327 (11.21.).

이윤영. 2021. "역내포괄적경제동반자협정(RCEP)의 의의와 전망." 『아시아 브리프』 1(30) (10월 25일). https://snuac.snu.ac.kr/?p=33839

이해인. 2024. "美, HBM · 첨단반도체 장비 중국 수출 막는다⋯ 한국산도 포함." 『조선일보』(12월 3일). https://www.chosun.com/economy/tech_it/2024/12/02/R7Y-HXGD5JJGO5GGINM2CDLCVKU/

이호철. 2017. "중국의 부상과 지정학의 귀환." 『한국과 국제정치』 33(1): 39-61.

조대호. 2023. "내분 막지 못한 정치의 실패⋯ 펠로폰네소스 전쟁 부르다." 『동아일보』(6월 30일). https://www.donga.com/news/Opinion/article/all/20230629/120010309/1

조영남. 2013. 『중국의 꿈: 시진핑 리더십과 중국의 미래』. 서울: 민음사.

黃遵憲 (趙一文 譯註). 1880. 『朝鮮策略』 서울: 建國大學校 出版部.

중국어 문헌

谌力, 汪丽, 韦政. 2017. "新安全观视域下海外基地转型重塑的影响及启示." 『国防』 9.

傅梦孜, 楼春豪. 2015. "关于21世纪海上丝绸之路建设的若干思考." 『现代国际关系』第3期.

国防部. 2017. "中国一带一路没有军事意图不谋求势力范围." Sina (5月25日). https://mil. news.sina.com.cn/china/2017-05-25/doc-ifyfqvmh8893454.shtml

海军司令部 编. 2012. 『中国海军军人手册』 北京: 海潮出版社.

洪鹄. 2013. "中国特色周边外交的四字箴言：亲、诚、惠、容." 『新华国际』 (11月08日). http://news.xinhuanet.com/world/2013-11/08/c_118063342.htm

胡欣. 2018. "中国的海外战略支点建设需要处理好五对关系." 『世界知识』 3.

梁庆松, 王元元. 2016. "海军召开亚丁湾护航8周年研讨会." 『人民海军』 (December 30).

吴心伯. 2022. "塑造中美战略竞争的新常态." 『国际问题研究』 2期.

习近平. 2014. "中国必须有自己特色的大国外交." 新华网 (11月 29日). http://cpc.people. com.cn/n/2014/1130/c87228-26119081.html

习近平. 2019. "在庆祝中华人民共和国成立70周年大会上的讲话." (10月1日). https:// www.gov.cn/xinwen/2019-10/01/content_5435785.htm

许可. 2016. "构建 '海上丝路' 上的战略支点." 『亚太安全与海洋研究』 5.

薛力. 2014. "一带一路折射的中国外交风险." FT中文网 (12月30日). http://www.ftchinese.com/story/001059886?full=y

杨洁篪. 2013. "论新形势下中国外交理论和实践创新." 『求实』第16期, 7-10.

余珍艳. 2018. "权力转移理论与中美关系." 『国际关系研究』 no. 2.

张文木. 2010. 『论中国海权』. 北京: 海洋出版社.

赵明昊. 2018. "从'新冷战论'看中美关系面临的主要挑战." 『现代国际关系』第6期.

钟飞腾. 2021. "理解美国南海政策转变的三个维度：霸权衰落、权力转移与美国国内政治." 『人民论坛·学术前沿』 https://doi.org/10.16619/j.cnki.rmltxsqy.2021.03.008.

中華人民共和國 國務院 新聞辦公室. 2015. 《中国的军事战略》白皮书 (5月 26日). http:// www.scio.gov.cn/zfbps/gfbps/Document/1435341/1435341.htm

中華人民共和國 國務院 新聞辦公室. 2019. 《新時代的中國與世界》白皮書 (9月27日). http://big5.zlb.gov.cn/gate/big5/www.locpg.gov.cn/jsdt/2019-09/27/c_1210294783.htm

영어 문헌

Allison, Graham. 2012. "Thucydides's trap has been sprung in the Pacific." *Finan-*

254

cial Times (August 22). https://www.ft.com/content/5d695b5a-ead3-11e1-984b-00144feab49a

Allison, Graham. 2015. "The Thucydides Trap: Are the U.S. and China Headed for War?" *The Atlantic* (September 24). https://www.theatlantic.com/international/archive/2015/09/united-states-china-war-thucydides-trap/406756/

Allison, Graham. 2017. *Destined for War: Can America and China Escape Thucydides's Trap?.* Boston, MA: Houghton Mifflin Harcourt.

Bai, Chong-en and Qiong Zhang. 2017. *A Research on China's Economic Growth Potential.* New York: Routledge.

Bailliu, Jeannine, Mark Kruger, Argyn Toktamyssov, Wheaton Welbourn. 2016. "How Fast Can China Grow? The Middle Kingdom's Prospects to 2030." Bank of Canada Staff Working Paper 2016-15 (April). https://www.bankofcanada.ca/2016/04/staff-working-paper-2016-15/

Barro, Robert J. 2016. "Economic Growth and Convergence, Applied Especially to China." NBER Working Paper 21872 (January). https://www.nber.org/papers/w21872

Beckley, Michael. 2023a. "The Dangers of Peak China." *Lawfare* (October 8). https://www.lawfaremedia.org/article/the-dangers-of-peak-china

Beckley, Michael. 2023b. "The Peril of Peaking Powers: Economic Slowdowns and Implications for China's Next Decade." *International Security* 48(1): 7-46.

Blinken, Antony. 2021. "Blinken says it's in U.S. interest to cooperate with China." *CGTN* (January 28). https://news.cgtn.com/news/2021-01-28/Blinken-says-it-s-in-U-S-interest-to-cooperate-with-China-XpxrSl82uA/index.html

Bloomberg. 2021. "When Will China Rule the World? Maybe Never." (July 6). https://www.bloomberg.com/news/features/2021-07-05/when-will-china-s-economy-beat-the-u-s-to-become-no-1-why-it-may-never-happen

Bloomberg. 2023. "China slowdown means it may never overtake US economy, forecast shows." (September 05). https://www.bloomberg.com/news/articles/2023-09-05/china-slowdown-means-it-may-never-overtake-us-economy-be-says

Bown, Chad P. 2023. "US-China Trade War Tariffs: An Up-to-Date Chart." Perterson Institute for International Economics (April 6), https://www.piie.com/research/piie-charts/2019/us-china-trade-war-tariffs-date-chart.

Bradsher, Keith. 2023. "China Invested $1 Trillion to Gain Global Influence. Can That Go On?" *New York Times* (Oct 16). https://www.nytimes.com/2023/10/16/business/chinas-belt-and-road-initiative-bri.html

Brands, Hal and Michael Beckley. 2021. "China Is a Declining Power-and That's the Problem." *Foreign Policy* (September 24). https://foreignpolicy.com/2021/09/24/china-great-power-united-states/

Cai, Fang and Yang Lu. 2016. "Take-off, Persistence and Sustainability: The Demographic Factor in Chinese Growth." *Asia and The Pacific Policy Studies* 3(2): 203-225.

Calder, Kent E. 2014. "The Traps of Geopolitical Discourse and the Mandate for New Thinking." *Global Asia* 9(3): 58-62.

Capital Economics. 2023. "Whatever happened to the China 'growth miracle'?" (22nd May). https://www.capitaleconomics.com/blog/whatever-happened-china-growth-miracle

Capital Economics. 2024. "China's "sorpasso": Will China's economy overtake the US?" https://www.capitaleconomics.com/will-china-economy-overcome-us

The Center for Economics and Business Research (CEBR). 2023. "We forecast that China will be the world's largest economy for only 21 years before the US overtakes again in 2057. And by 2081 India will have overtaken the US. How does this affect geopolitics?" (July 24). https://cebr.com/blogs/we-forecast-that-china-will-be-the-worlds-largest-economy-for-only-21-years-before-the-us-overtakes-again-in-2057-and-by-2081-india-will-have-overtaken-the-us-how-does-this-affect-geopoliti/

Clinton, Hillary. 2011. "America's Pacific Century." *Foreign Policy* (October 11). http://foreignpolicy.com/2011/10/11/americas-pacific-century/

Coats, Dan. 2020. "There's No Cold War with China – and If There Were, We Couldn't Win." *Washington Post* (July 28).

Cohen, Warren I. 2000. *East Asia at the Center*. New York: Columbia University Press.

Doyle, Michael. 2023. *Cold Peace: Avoiding the New Cold War*. New York: Liveright Publishing Corporation.

The Economist. 2023a. "When will China's GDP overtake America's?: Recent forecasts have pushed the date further into the future." (June 7th). https://www.economist.com/graphic-detail/2023/06/07/when-will-chinas-gdp-overtake-americas

The Economist. 2023b. "China will become less populous, more productive—and more pricey: And GDP parity with America is still decades away." (August 3rd). https://www.economist.com/graphic-detail/2023/08/03/china-will-become-less-populous-more-productive-and-more-pricey

Erickson, Andrew S. and Joel Wuthnow. 2016. "Barriers, Springboards and Benchmarks: China Conceptualizes the Pacific 'Island Chains'." *The China Quarterly*

225: 1-22.

Freeman, Chas. 2020. "The Struggle with China Is Not a Replay of the Cold War." remarks to the Asia American Forum, Brown University, Washington, DC, September 25.

Gershman, Carl. 2023. "What It Takes to Win the New Cold War with China" *Journal of Democracy* (July). https://www.journalofdemocracy.org/what-it-takes-to-win-the-new-cold-war-with-china/

Gill, Bates and Tom Switzer. 2015. "The New Special Relationship: The U.S.-Australia Alliance Deepens." *Foreign Affairs* (February 19). https://www.foreignaffairs.com/articles/australia/2015-02-19/new-special-relationship.

Gilpin, Robert. 1987. *The Political Economy of International Relations.* Princeton: Princeton University Press.

Global Times. 2024. "China likely to be No.1 economy by 2035 with continuous momentum: international think tank." (March 31). https://www.globaltimes.cn/page/202403/1309857.shtml

Gunness, Kristen. 2019. "The Dawn of a PLA Expeditionary Force?" in Nadège Rolland, ed. *Securing the Belt and Road Initiative: China's Evolving Military Engagement Along the Silk Roads.* NBR Special Report no. 80 (September 3). https://www.nbr.org/publication/securing-the-belt-and-road-initiative-chinas-evolving-military-engagement-along-the-silk-roads/

Han, Zhen and T. V. Paul. 2020. "China's Rise and Balance of Power Politics." *The Chinese Journal of International Politics* 13(1): 1-26.

Haass, Richard N. et al. 2019. "The Future of U.S.-China Relations." CFR Lecture on China (February 19). https://www.cfr.org/event/future-us-china-relations.

Higgins, Matthew. 2020. "China's Growth Outlook: Is High-Income Status in Reach?" *Economic Policy Review* 26(4): 69-97. https://www.newyorkfed.org/research/epr/2020/epr_2020_china-growth-outlook_higgins

Hsü, Immanuel C. Y. 1990. "The Normalization of Relations between China and the United States." in Immanuel C. Y. Hsü. *China without Mao: The Search for a New Order.* London: Oxford University Press.

Ikenberry, G. John. 2018. "Why the Liberal World Order Will Survive." *Ethics & International Affairs* 32(1): 17-29.

IMF. 2023. "Geoeconomic Fragmentation and the Future of Multilateralism." SDN/2023/001. https://www.imf.org/en/Publications/Staff-Discussion-Notes/Issues/2023/01/11/Geo-Economic-Fragmentation-and-the-Future-of-Multilateralism-527266

IMF. 2024. "World Economic Outlook (October 2024)." https://www.imf.org/external/datamapper/NGDPD@WEO/CHN/USA

International Energy Agency. 2021. "World Energy Outlook 2021." (October). https://www.iea.org/reports/world-energy-outlook-2021

Johnston, Alastaire Iain. 1999. "Strategic Cultures Revisited: Reply to Colin Gray." *Review of International Studies* 25(3): 519-523.

Johnston, Alastaire Iain. 2003. "Is China a Status Quo Power?" *International Security* 27(4): 5-56.

Johnston, Alastaire Iain. 2019. "China in a World of Orders: Rethinking Compliance and Challenge in Beijing's International Relations." *International Security* 44(2): 9-60.

Kang, David C. and Xinru Ma. 2018. "Power Transitions: Thucydides Didn't Live in East Asia." *The Washington Quarterly* 41(1): 137-154.

Kennedy, Conor. 2019. "Strategic Strong Points and Chinese Naval Strategy." *China Brief* 19(6) (March 22). https://jamestown.org/program/strategic-strong-points-and-chinese-naval-strategy/

Kennedy, Scott. 2024. "U.S.-China Relations in 2024: Managing Competition without Conflict." CSIS Commentary. https://www.csis.org/analysis/us-china-relations-2024-managing-competition-without-conflict.

Keohane, Robert O. 2005. *After Hegemony: Cooperation and Discord in the World Political Economy*. Princeton: Princeton University Press.

Keohane, Robert O. and Joseph S. Nye. 1977. *Power and Interdependence: World Politics in Transition*. New York: TBS The Book Service Ltd.

Kim, Taehyun. 2024. *Grasping World Politics From East Asian Context*. Yongin: Moumbooks Publisher

Kim, Woosang and Scott Gates. 2015. "Power transition theory and the rise of China." *International Area Studies Review* 18(3): 219-226.

Kim, Yang Gyu. 2023. "The First Thing They Would Do: Policy Choices of the USSR, Israel, and the UK after Direct Nuclear Deterrence Failure." *The Korean Journal of Defense Analysis* 35(4): 561-594.

Kugler, Jacek and A. F. K. Organski. 1989. "The Power Transition: A Retrospective and Prospective Evaluation." in Manus I. Midlarsky, ed. *Handbook of War Studies*. London: Unwin Hyman.

Lai, David. 2011. *The United States and China in Power Transition*. The U.S. Army War College Strategic Studies Institute.

Lai, David. 2016. "The US-China Power Transition: State II." *The Diplomat* (June 30).

http://thediplomat.com/2016/07/the-us-china-power-transition-stage-ii/

Lardy, Nicholas R. 2019. "The State Strikes Back: The End of Economic Reform in China?" *Peterson Institute for International Economics* (January). https://www.piie.com/bookstore/2018/state-strikes-back-end-economic-reform-china

Lee, Hochul. 2012. "China's Rise and East Asian Security." in Zhiqun Zhu, ed., *New Dynamics in East Asian Politics*. New York: Continuum.

Lee, Hochul. 2013. "China in North Korean Nuclear Crises: 'Interest' and 'Identity' in Foreign Behavior." *Journal of Contemporary China* 22(80): 312-331.

Lee, Hochul. 2017. "Power Politics Behind the Transforming Geopolitics in East Asia." *East Asia: An International Quarterly* 34(4): 307-320.

Lee, Hochul. 2022. "A Dilemma of Success: The Reform Path of State-Owned Enterprises in China." *Asian Perspective* 46(3): 451-471.

Lee, Jong-Wha. 2016. "China's Economic Growth and Convergence." CAMA Working Paper No. 30/2016 (May 26). https://ssrn.com/abstract=2785015

Lee, Todd C. 2024. "Peak China economic prospects." S&P Global Market Intelligence (April 29). https://www.spglobal.com/marketintelligence/en/mi/research-analysis/peak-china-economic-prospects.html

Li, Jinshan. 2017. "Market Economy Status." World Scientific Publishing Company. https://www.worldscientific.com/page/6491-chap14

Lin, Justin Yifu. 2017. "The Economics of China's New Era." Project Syndicate (December 1), https://www.project-syndicate.org/onpoint/the-economics-of-china-s-new-era-by-justin-yifu-lin-2017-12.

McBride, James, Andrew Chatzky and Anshu Siripurapu. 2021. "What's Next for the Trans-Pacific Partnership (TPP)?" CFR Backgrounder (September 20). https://www.cfr.org/backgrounder/what-trans-pacific-partnership-tpp

McBride, James, Noah Berman, and Andrew Chatzky. 2023. "China's Massive Belt and Road Initiative." CFR Backgrounder (February 2). https://www.cfr.org/backgrounder/chinas-massive-belt-and-road-initiative

McFaul, Michael. 2020. "Cold War Lessons and Fallacies for US-China Relations Today." *The Washington Quarterly* 43(4): 7-39.

Mearsheimer, John J. 2006. "China's Unpeaceful Rise." *Current History* 105(690): 160-162.

Mearsheimer, John J. 2014. *The Tragedy of Great Power Politics*. New York: W. W. Norton & Company.

Mearsheimer, John J. 2019. "Bound to Fail: The Rise and Fall of the Liberal International Order." *International Security* 43(4): 7-50.

Ministry of Foreign Affairs, PRC. 2024(검색 연도). "Strong Protest by the Chinese Government Against The Bombing by the US-led NATO of the Chinese Embassy in the Federal Yugoslavia." https://www.mfa.gov.cn/eng/zy/wjls/3604_665547/202405/t20240531_11367575.html

Moss, Trefor. 2013. "America's Pivot to Asia: A Report Card." *The Diplomat* (May 05). https://thediplomat.com/2013/05/americas-pivot-to-asia-a-report-card/

Mueller, John. 2020. "'Pax Americana' Is a Myth: Aversion to War Drives Peace and Order." *Washington Quarterly* 43(3): 115-136.

NIKKEI Asia. 2022. "China's GDP unlikely to surpass U.S. in next few decades: JCER." (December 14). https://asia.nikkei.com/Economy/China-s-GDP-unlikely-to-surpass-U.S.-in-next-few-decades-JCER

Nye, Joseph S. 2021. "What Could Cause a US-China War?" Project Syndicate (March 2). https://www.project-syndicate.org/commentary/what-could-cause-us-china-war-by-joseph-s-nye-2021-03

Oneal, John R., Indra de Soysa, and Yong-Hee Park. 1998. "But Power and Wealth Are Satisfying: A Reply to Lemke and Reed." *Journal of Conflict Resolution* 42(4): 517-520.

Organski, A. F. K. 1958. *World Politics*. New York: Alfred A. Knopf.

Organski, A. F. K. and Jacek Kugler. 1980. *The War Ledger*. Chicago IL: University of Chicago Press.

Orsmond, David. 2019. "China's Economic Choices." Lowy Institute (17 December). https://www.lowyinstitute.org/publications/china-s-economic-choices

Peng, Xiujian. 2022. "China's population is about to shrink for the first time since the great famine struck 60 years ago. Here's what it means for the world." *The Conversation* (May 29). https://theconversation.com/chinas-population-is-about-to- shrink-for-the-first-time-since-the-great-famine-struck-60-years-ago-heres-what-it-means-for-the-world-176377

Peng, Xiujian. 2024. "China's population shrinks again and is set to more than halve." Victoria University (18 January). https://www.vu.edu.au/about-vu/news-events/news/chinas-population-shrinks-again-and-is-set-to-more-than-halve

Pickering, Thomas. 1999. "Oral Presentation to the Chinese Government: Regarding the Accidental Bombing of The P.R.C. Embassy in Belgrade." (June 17). https://1997-2001.state.gov/policy_remarks/1999/990617_pickering_emb.html

Pike, Lili. 2023. "The Belt and Road Ahead." *Foreign Policy* (October 19). https://foreignpolicy.com/2023/10/19/china-xi-jinping-putin-bri-debt/

President Clinton. 1999. "Excerpt from remarks at White House Strategy Meeting on Children, Violence, and Responsibility." Washington, DC (May 10). https://1997-2001.state.gov/policy_remarks/1999/990510_clinton_kosovo.html#:~:text=But%20again%2C%20I%20want%20to,continue%20to%20make%20that%20distinction

Pritchett, Lant & Lawrence H. Summers. 2014. "Asiaphoria Meets Regression to the Mean." NBER Working Paper 20573 (October). https://www.nber.org/papers/w20573

PwC. 2017. "The World in 2050." (February). https://www.pwc.com/gx/en/research-insights/economy/the-world-in-2050.html#:%7E:text=The%20world%20economy%20could%20more,advanced%20economies%20(G7)%20on%20average

Rajah, Roland and Alyssa Leng. 2022. "Revising Down the Rise of China." Lowy Institute (14 March). https://www.lowyinstitute.org/publications/revising-down-rise-china

Roberts, Ivan and Brendan Russell. 2019. "Long-term Growth in China." *In Bulletin* (12 December). https://www.rba.gov.au/publications/bulletin/2019/dec/long-term-growth-in-china.html

Roberts, Kevin D. 2023. "This Is How We Win a New Cold War With China." Heritage Foundation (Mar 29). https://www.heritage.org/asia/commentary/how-we-win-new-cold-war-china

Rolland, Nadège. 2019. "Securing the Belt and Road: Prospects for Chinese Military Engagement Along the Silk Roads." in Nadège Rolland, ed. *Securing the Belt and Road Initiative: China's Evolving Military Engagement Along the Silk Roads.* NBR Special Report no. 80 (September 3). https://www.nbr.org/publication/securing-the-belt-and-road-initiative-chinas-evolving-military-engagement-along-the-silk-roads/

Ross, Robert S. 2020. "It's not a cold war: competition and cooperation in US – China relations." *China International Strategy Review* 2: 63-72.

Sasaki, Takatoshi, Tomoya Sakata, Yui Mukoyama, and Koichi Yoshino. 2021. "China's Long-Term Growth Potential: Can Productivity Convergence Be Sustained?" Bank of Japan Working Paper Series 2021 (June 30). https://www.boj.or.jp/en/research/wps_rev/wps_2021/wp21e07.htm

Scobell, Andrew and Alex Stephenson. 2023. "Five Things to Know About China's Armed Forces." United States Institute of Peace (August 2). https://www.usip.org/publications/2023/08/five-things-know-about-chinas-armed-forces

Seelye, Katharine Q. 1999. "Chinese Finally Allow Clinton Time for Telephone Apology." *The New York Times* (May 15). https://archive.nytimes.com/www.nytimes.com/library/world/europe/051599kosovo-china-us.html.

Setser, Brad W. 2024. "Why U.S. Imports From Mexico Surpassed Those From China." Council on Foreign Relations (February 20). https://www.cfr.org/in-brief/why-us-imports-mexico-surpassed-those-china#:~:text=Second%2C%20tariffs%20that%20President%20Donald,find%20ways%20around%20this%20tax

Siripurapu, Anshu and Noah Berman. 2023. "The Contentious U.S.-China Trade Relationship." Council on Foreign Relations (Septermber 26). https://www.cfr.org/backgrounder/contentious-us-china-trade-relationship.

Stockholm International Peace Research Institute (SIPRI). 2023. SIPRI Military Expenditure Database. https://www.sipri.org/databases/milex

Stockholm International Peace Research Institute (SIPRI). 2024. "Trends in World Military Expenditure, 2023." (April). https://www.sipri.org/sites/default/files/2024-04/2404_fs_milex_2023.pdf

Swaine, Michael D. 2015a. "Chinese Views and Commentary on the 'One Belt, One Road' Initiative." *China Leadership Monitor* 47: 1-24.

Swaine, Michael D. 2015b. "Xi Jinping's Address to the Central Conference on Work Relating to Foreign Affairs: Assessing and Advancing Major-Power Diplomacy with Chinese Characteristics." *China Leadership Monitor* 46.

Tammen, Ronald L. and Jacek Kugler. 2006. "Power Transition and China – US Conflicts." *Chinese Journal of International Politics* 1(1): 35-55.

Tiezzi, Shannon. 2014a. "The Maritime Silk Road vs. The String of Pearls." *The Diplomat* (February 13). http://thediplomat.com/2014/02/the-maritime-silk-road-vs-the-string-of-pearls

Tiezzi, Shannon. 2014b. "US Promises Increase in Military Aid to Mongolia." *The Diplomat* (April 11). http://thediplomat.com/2014/04/us-promises-increase-in-military-aid-to-mongolia

United States Census Bureau. 2023. *2023 National Population Projections Datasets* (November 9). https://www.census.gov/data/datasets/2023/demo/popproj/2023-popproj.html

United States Marine Corps, Department of the Navy, and Coast Guard. 2020. "Advantage at Sea: Prevailing with Integrated All-Domain Naval Power." (December). https://media.defense.gov/2020/Dec/17/2002553481/-1/-1/0/TRISERVICESTRATEGY.PDF/TRISERVICESTRATEGY.PDF

University of Essex. 2024. "Insight: Why Britain really voted to leave the European Union." https://www.essex.ac.uk/research/showcase/why-britain-really-votedto-leave-the-european-union

U.S. Department of Defense. 2015. "Fact Sheet: U.S.-India Defense Relationship." http://archive.defense.gov/pubs/US-IND-Fact-Sheet.pdf

U.S. Department of Defense. 2019. "Indo-Pacific Strategy Report: Preparedness, Partnerships, and Promoting a Networked Region." (June 1). https://media.defense.gov/2019/Jul/01/2002152311/-1/-1/1/DEPARTMENT-OF-DEFENSE-IN-DO-PACIFIC-STRATEGY-REPORT-2019.PDF

U.S. Department of Defense. 2023. "Military and Security Developments involving the People's Republic of China." Annual Report to Congress.

U.S. Embassy and Consulates in China. 2018. "History of the U.S. and China." (June 15). https://china.usembassy-china.org.cn/history-of-the-u-s-and-china/

Waltz, Kenneth. 1979. *Theory of International Politics*. Reading MA: Addison-Wesley Publishing Company.

Wang, Xun. 2020. "Convergence and Prospects." in David Dollar, Yiping Huang, and Yang Yao, ed. *China 2049: Economic Challenges of a Rising Global Power*. Brookings Institution (June 9).

Wang, Yi. 2021. "A Conversation With State Councilor Wang Yi of China." Council on Foreign Relations (April 23). https://www.cfr.org/event/conversation-state-councilor-wang-yi-china

Wendt, Alexander. 1992. "Anarchy Is What States Make of It: The Social Construction of Power Politics." *International Organization* 46(2).

Westad, Odd Arne. 2019. "The Sources of Chinese Conduct: Are Washington and Beijing Fighting a New Cold War?" *Foreign Affairs* 98(5): 86-95.

White House. 2017. "National Security Strategy of the United States of America." (December). https://apps.dtic.mil/dtic/tr/fulltext/u2/1043812.pdf

White House. 2021. "Interim National Security Strategic Guidance." (March). https://www.whitehouse.gov/wp-content/uploads/2021/03/NSC-1v2.pdf

White House. 2022. "National Security Strategy." (October). https://www.whitehouse.gov/wp-content/uploads/2022/10/Biden-Harris-Administrations-National-Security-Strategy-10.2022.pdf

Wigglesworth, Robin. 2023. "The implications of China's mid-income trap." *Financial Times* (February 27). https://www.ft.com/content/a998c1bc-7632-47c1-baba-6ccd6aaef96e

World Bank. 2019. *Innovative China: New Drivers of Growth*. Washington, DC: World Bank. https://openknowledge.worldbank.org/entities/publication/d20ddc24-0ad1-5eb7-a3d5-d2864897c3a6

World Bank. 2020. *From Containment to Recovery.* WORLD BANK EAST ASIA AND
   THE PACIFIC ECONOMIC UPDATE (OCTOBER). https://openknowledge.
   worldbank.org/server/api/core/bitstreams/e3cbddd3-9248-5c45-ac5d-34f9721f-
   0ba1/content

Xi, Jinping. 2014. "Remarks at the Fourth Summit of the Conference on Interaction
   and Confidence Building Measures in Asia." Shanghai Expo Center, 21 May,
   http://www.china.org.cn/world/2014-05/28/content_32511846.htm.

Xu, Beina and Eleanor Albert. 2016. "Understanding Myanmar." *CFR Backgrounders*
   (March 25). http://www.cfr.org/human-rights/understanding-myanmar/p14385

Zhao, Minghao. 2019. "Is a New Cold War Inevitable? Chinese Perspectives on US –
   China Strategic Competition." *The Chinese Journal of International Politics*
   12(3): 371-394.

Zhu, Feng. 2014. "Geopolitics and China's Response: Be a Co-operator and a Com-
   petitor." *Global Asia* 9(3): 24-29.

Zhu, Min, Longmei Zhang, Daoju Peng. 2019. "China's Productivity Convergence and
   Growth Potential—A Stocktaking and Sectoral Approach." IMF Working Paper
   (November 27). https://www.imf.org/en/Publications/WP/Issues/2019/11/27/
   Chinas-Productivity-Convergence-and-Growth-Potential-A-Stocktaking-and-
   Sectoral-Approach-48702

Zhu, Zhiqun. 2021. "Between a Rock and a Hard Place: How Should South Korea
   Manage Its Relations with the United States and China?" Korea Economic Insti-
   tute of America, Academic Paper Series (December 1).